自壊する中国

ネット革命の連鎖

宮崎正弘
Miyazaki Masahiro

文芸社文庫

自壊する中国　ネット革命の連鎖　目次

第五章　価値観の激変、世代間の対立

第六章　たとえば上海独立、広東独立という経済圏のシナリオ

第七章　チベットは独立状態に戻る

第八章　ウイグル独立への道

第九章　東北三省は中国と無縁の地

第十章　台湾独立というシナリオ

プロローグ――すでにソ連は十五分裂、ユーゴは七分裂、チェコスロバキアは二分裂

誰がソ連大分裂を予測できたか？

未来学者として有名な故ハーマン・カーン博士の口癖は「考えられないことを考える」（Thinking the Unthinkable）だった。

その流れを汲むアルビン・トフラーの「コンピュータの発達が情報のあり方を激変させ、日常生活をも変える」という予測は正しかった。

つねに未来がリスクに満ちていると仮定すれば、わたし達は日常的に危機に対応するシナリオを幾通りも用意しておく必要があるだろう。賢者は最悪に備えるという箴《しん》言《げん》もあるように、中国が分裂しないという保証は何処にも存在しないのである。

米国も英国も分裂気味なうえ、カナダもつねにフランス語圏の分離独立運動を抱えている。

現実には2011年1月、国民投票が実施されたスーダン南部は、スーダンからの分離独立を決めた。リビアも近く東西に二分裂の可能性がある。

イラクにはクルド族独立運動、グルジアにはオセチア、アブハジアという「国内国」との紛争、スペインにもバスク独立運動……。

フランスの人口学者、エマニュエル・トッドは一九七六年にソ連の崩壊を予測した。当時、誰も彼の予測に耳を傾けなかった。あり得ないと踏んで、その仮説を嗤《わら》った。

トッドの場合、スラブ系民族の出生率の激減とイスラム系の人口爆発の比較からの推測、いや論理的帰結だった。一九八〇年代の米国の保守系学者の間には、その貧弱な工業と経済活動から推測してソ連はいずれ巨額の軍事費をまかないきれなくなるという予測はあった。

そして軍事費の重みに耐えかねていたソ連が、じつは共産官僚主義のぼろぼろの体制であることが如実となり、ゴルバチョフの登場によって電光石火のごとくに崩壊し、つぎにユーゴスラビアがぎしぎしと地響きたてて連鎖崩壊を起こして六つに分裂し、近年のコソボ独立宣言を加えると七つに分かれた。

ソ連を構成していた十五の共和国のうち、バルト三国（ラトビア、エストニア、リトアニア）はすぐに西側に飛び込み、カフカスのグルジア、モルドバ、アゼルバイジャンはモスクワ離れが激しく、そして〝スラブ三兄弟〟といわれたウクライナ、ベラルーシもモスクワと袂を分かった。この趨勢を見ていた中央アジアイスラム圏五カ国も便乗して独立した。カザフスタン、トルクメニスタン、ウズベキスタン、キルギス、タジキスタンだ。

この事態は中国の未来の分裂を予測させるだろう。

そもそもチベット、新疆ウイグル自治区、内モンゴル自治区、旧満洲はそれぞれが独自の歴史をもち、漢族とは異なる国家だから。

チトー大統領の強引な手腕で「国家」を形成したユーゴスラビア連邦は重い桎梏《しっこく》が消えると血なまぐさい殺戮《さつりく》を開始し、北からスロベニア、クロアチアがセルビアに反旗を翻し、ボスニア・ヘルツェゴビナとの紛争に手間取る間にモンテネグロとマケドニアも独立、セルビアが孤立した。加えてコソボが事実上の独立宣言をしており、ユーゴは六つの分裂から事実上は七つの分裂国家になる。

この伝でいけば中国が七つ前後に分裂するという議論はまったくおかしくない（本書の仮説は七分裂だが、必ずしも分裂後の中国が七つになるとこだわっているわけではない。五つかも知れないし、あるいは十数地区に大分裂を引き起こすかも知れない）。

いま世界が注目しているのは、むしろアメリカの分裂である。

現実にロシアの学者がアメリカ六分裂を言い（アトランティック・アメリカ、中西部、テキサス、カリフォルニア、ハワイ、アラスカ）、他方ではカナダと合邦して新アメリカ合衆国となるとするシナリオも存在する。後者とて実際に北米通貨「アメロ」がデザインまで決められて時間の問題と化している以上、軽視し放置しておく議論ではない。

ロシアの学者アイゴア・パナーリンの研究では、夥しい移民による米国の中枢性格(コアパーソナリティ)の変化と道徳心の喪失が経済低迷の上にのしかかり、いずれ矛盾の大爆発が起こるという(ウォールストリート・ジャーナル・アジア版、08年12月30日)。

第一にアラスカはロシアに再売却され、第二にハワイは日本と中国にまかせ、第三にカリフォルニアは中華資本の下、新しい国となる。

となれば独立時の十三州が北東アメリカ、南部諸州は再結集し、中西部はシカゴかデトロイトを中心の鉱業と農業が混交したベルト地帯になり、カナダとの合邦もありうるとする。熱い戦争を伴わなくても州ごとの経済対立が深刻化するとパナーリンは主張する。

囀っているだけでは済まされない。げんに米国内には州ごとの独自通貨発行の動きがある。日本の議論にある地方分権の拡大版である。

「連邦政府は米国民を代表すると言いながらウォール街の強欲資本家らに乗っ取られている」と合衆国の基本から逸脱して州の通貨発行という「分権主義」を主唱するのは、テキサス選出のロン・ポール下院議員だ。

アイゴア・パナーリンによるアメリカ六分裂案
アラスカ
カナダ
中西部アメリカ共和国
カリフォルニア共和国
アトランティック・アメリカ
テキサス共和国
メキシコ
ハワイ

米ドルという「連邦銀ドルに代替する『新通貨』として金貨を使おう」と訴え、モンタナ州議会で「金地金、あるいは銀地金を通貨として、モンタナ州政府や民間企業の決済に使用できるようにする法案」を提出した。すると州議会では多くが賛同したのである。類似法案はインディアナ州、コロラド州、ミズーリ州、ジョージア州、メリーランド州ですでに議会へ提出されている。

「通貨分権」は日本の地域振興券のような発想ではない。権力の一部を州政府が回復するというわけだから、米国分裂の走りである。

パナーリンはKGB出身で米国の機密資料を豊富に駆使できる立場にあり精密な分析を得意とする。現在はロシア外交学院学院長だから、れっきとした知識人。

英国は正式名称が「グレート・ブリテンおよび北アイルランド連合王国」という。

しかし英国の「連合」とはイングランド、スコットランド、北アイルランドならびにウェールズから構成されており、五世紀以来、戦争・紛争を繰り返してお互いに猜疑心が強く歴史的に仲が悪い。アイルランドの分離独立運動は有名だが、スコットランドとてケルトの名残があり、イングランド王室に弓引く政治運動がある。そして二〇一二年に開催されるロンドン五輪のサッカー代表には「連合王国」からチームは成立せず、「イングランド代表」となるのだ。スポーツの代表とはいえ、英国は事実上、分裂していることにならないか。

歴史の半分近く中国は分裂していた

清朝末期の学者で政治家であった梁啓超《りょうけいちょう》の研究によれば、秦始皇帝による全国統一（紀元前二二一年）から一九二〇年までの二一四一年の間に一六〇回の内乱が数えられ、合計八九六年間をそれに費やしたという。すなわち二・四年に一回、中国は内乱を重ねてきた計算になる。

こういう歴史的前提に立てば次のシナリオを描くのは極めて容易である。

一、地政学的に見れば華北（北京中心の地方）、華中（上海・南京あたりの地方）、華南（広東中心の地方）をこれまで強引に結びつけていた求心力が失われ、中国国内の「南北対立」、あるいは「東西冷戦」が起き、あとは加速度的に放心作用が起きる。そうなれば各地を束ねた筈の中央権力はガタガタと崩れ、分裂へと向かう。

二、カナダのような言語圏による分裂ということであれば北京語、広東語、福建語、上海語、四川語系列に分かれる可能性も考えられる。

三、トインビー史観（人類の歴史は文明の単位によって裁断されるとするユニークな考え方）に立って考えてみると、狩猟・牧畜の匈奴《きょうど》系民族、トルコ人の源流とされる突厥《とっけつ》系、焼き畑農業・ケシ栽培の雲南地方のタイ族系の少数民族、「ラマ教」のチベット系と内モンゴル系、漢人文明圏という分け方も可能だろう。

四、さらに旧ソビエトの大瓦解のように「中国版・バルト三国」のような内モンゴル自治区、新疆ウイグル自治区、チベット自治区という三国の成立も考えられる。あるいはCIS諸国型をモデルにすると少数民族の地域、すなわち甘粛、青海、雲南・広西および旧満洲の東北三省の分離をあげることもできる。

五、「経済圏」での分裂・分解作用となれば上海、福建、広東、香港、マカオなどが小さいとはいえ、独立を果たしてゆく可能性もある。現に中国北方航空、東方航空、南方航空はそれぞれが華北、華中、華南を拠点にシェア競争をくりひろげているように。

かつて筆者は一九九四年十月号の『宝石』誌上で「鄧小平以後の中国は最大十六に分裂し、連邦を形成することになろう」というシナリオを述べた。

それらは①華中地域（中国の中核）。本来の華中とは上海・南京あたりを指すがここは北京の核心部。けれども②上海（江蘇、浙江も含める）、③広東は昔から独立的で、④香港、⑤マカオ、⑥旧満洲（東北三省）が「経済特区」として独立し、⑦福建は台湾と合流し、⑧チベット、⑨広西チワン族自治区、⑩寧夏と甘粛はイスラム教徒が合流し、⑪新疆ウイグル、⑫内モンゴルの各自地区が〝民族自決〟を決め、そうなれば⑬青海、⑭雲南および貴州、⑮四川も合同か協同するかして中央から離れる。こうして緩やかな「中華連邦」を形成することになれば、⑯「飛び地」としてのシンガポールも参加するだろう、と書いた。

以上をもう一度まとめてみると、①華中（中国の中核）②上海＋江蘇＋浙江③広東④香港⑤マカオ⑥旧満洲（東北三省）⑦福建＋台湾⑧チベット⑨広西チワン族⑩寧夏＋甘粛⑪新疆ウイグル⑫内モンゴル⑬青海⑭雲南＋貴州⑮四川⑯シンガポールとなる。

雑誌で話題を呼んだので単行本にまとめ直した拙著（『中国大分裂』、文藝春秋ネスコ）は当時、ビジネスマンの間でかなり大きな反響を得たが、同時に「分裂などありえない」とする反発も強かった。国内のみならず中華圏での反応も大きく「亜洲週刊」（アジアウィーク）は「李登輝の分裂論は日本人の作文」という特集まで組んで、中嶋嶺雄、黄文雄、長谷川慶太郎、金美齢、深田祐介各氏らと筆者の名前がノミネートされていた。

高等学校の歴史教科書などが手近にあったら開いてみていただきたい。

中国では国家が統一され国内が平和であった時代より、分裂、戦乱の時代の方がはるかに長いことが分かる。

たとえば歴史的に見ても周以後、秦の始皇帝の統一までの「春秋戦国時代」、漢のあとの「三国時代」（魏、蜀、呉）、西晋を経て「五胡十六国時代」がある。南北朝時代を経て、隋が西暦五八九年に統一。さらに下って唐王朝が崩壊し、宋が現れるまでが「五代十国」時代だ。宋（北宋）のあとはふたたび「三国鼎立（夏、金、南宋）時代」、そして元朝となる。

しかしこれらはいずれも華北、華中から華南にかけての興亡であって、現在の新疆ウイグル、青海、チベット、雲南とはまったく別の国であった。さらに十世紀ごろのチベットは吐蕃《とばん》といって、五代十国時代の全領土に匹敵する広さを誇っていた。〝統一されていない〟のが中国本来の姿ともいえるのである。

中国の歴史は他人の土地を収奪し合って他人の富を根こそぎ奪取し、権力者が栄耀栄華を極め、その一方で人民は奴隷の如くに酷使される。

征服され支配された側は激しい怨念を蓄積させ、やがて組織的抵抗運動、反政府活動の爆発が成功し王朝を転覆させる。

新しい権力者は特権階級を一族郎党で独占し富を奪い同じことを繰り返す。前の王朝の係累は皆殺し、敵対する人々も根こそぎ粛清し、そのため常に周囲を信用せず、秘密警察を配備して反乱の気配を探らせ、事前に発覚すれば弾圧し、まつりごとは苛斂誅求、民が安んじる暇は与えない。

市民革命に必然的な要素はブルジョアの存在だが、西側と中国が決定的に異なるのは「封建社会」を通過していない点だ。中国の社会構造は古代のままの基層の上に、近年は欧米日の企業に働く中間層が出現したため表面的に捉えにくくなったのである。改革開放以来、出現した中間層はしかしながら国家がどちらへ行こうが自分さえよければ、庶民が飢えて死のうが関わりたくない。これが現代の中国の中間層、知識層の大多数である。そして王丹、魏京生、方励之など多くの中国知識人は欧米へ亡命した。ウアルカイシと王丹は台湾にいる。

したがってブルジョア革命は成立しにくく、中国国内で外資企業に働く所得の豊かな「中間層」がいずれブルジョア革命を起こすという予測は希望的観測に過ぎない。

一方、思想的には中国が世界の中原であって中華民族こそ世界に君臨する資格があり四辺はすべて夷《えびす》であり、文明の遅れた地域には中華文明を押しつけて朝貢を求め、従わなければ攻め入るのだ。

敵が強ければ引き、あるいは媚びて時間を稼ぎ、敵が油断すれば電光石火の如く侵略して富と土地を飲み込み、勝利者だけが富を分配し、敵を永遠に従属させるためには文化を抹殺し、愚民化し、歴史を消し去り、民族浄化を行う。

秦の始皇帝以来、同じパターンの王朝が変遷し、確かに随・唐、宋と文化の高みはあったが、改竄《かいざん》歴史書が説いたほどの善政はなかった。

匈奴、鮮卑《せんぴ》、突厥、回鶻《かいこつ》は砂漠の彼方へ消えた。長江に開けた多くの農耕文明は滅亡した。

マヤを滅ぼしたスペインの如く、あるいはインディアンを抹殺しハワイを併呑しフィリピンを植民地化した米国のように。

政治の本質はゲバルト（暴力）である。

権力が存立し続ける最大の要素は軍事力である。日本のような平和ぼけ状態の国では、この原則が理解されていない。

二十一世紀半ばに米国と軍事的に対峙できるほどの軍事大国になる中国は、胡錦濤がたとえ「国際派」に見えても、軍事優先主義という基本のスタンスに寸毫の変化もない。

すでに北京五輪が終わり、諸矛盾が一斉に爆発してウイグル騒動のような社会擾《じょう》乱《らん》は全土に波及し、暴力的弾圧以外では収拾がつかなくなりつつあるのが現実の中国ではないのか。

ある事情通がつぎのように皮肉る。

「鉄砲が政権を生み」、「政権が強権に変じ」、「強権が文革を招き」、「文革が狂気に奔り」、「狂気が混乱に行き着き」、「混乱が開放を希求し」、「開放から格差が生まれ」、「格差が和諧を行きすぎ」、「和諧がテロを呼ぶ」。

かくて中国大分裂のシナリオは笑って捨て置く問題ではない。以下の章で各論を検討してみよう。

第一章　中国分裂、七つの理由

その一、地域ブロック化と経済圏優先の対立

ひとくちに「中国人」などといっても北京人、上海人、広東人はまったく性格が違う。四川人は濃厚に劉備玄徳の「蜀」の文化を引き継いでいるし、湖南省のひとたちは大胆なことをしがちだ。毛沢東も劉少奇も朱鎔基も秋瑾も、革命の原動力で孫文の側近だった宋教仁も湖南省出身だ。こうした地域特質に関しては拙著『出身地でわかる中国人』（ＰＨＰ新書）を併読されたい。

だからこそまとまらない。焦りがある。統一の象徴として中国は「中華民族」という架空の概念を執拗に声高に押しつける。

中国が列強に伍そうとして「国民国家」を目指そうとするのは近代政治学の課題でもあり、自然な流れでもあり、政治家にとって理想に邁進するのも、当然の営為である。しかし理想と現実の乖離は拡大するばかりで「中華民族」なる架空の概念は日々空々しくなるだけである。執行部が狙う中国の国民国家化はかけ声だけに終わるだろう。だいいち軍隊はいまも中国共産党のプライベート軍であって、国軍ではない。

視点を変えて中国を眺めても都市開発競争、繁栄のバロメータ競合などを目撃していると華北・華中・華南の三分裂状態は中国人にとっては常識。貨幣だけが共通とは

中国七分裂のシナリオ

東北三省
北京・天津経済圏
黒龍江省
モンゴル
内モンゴル自治区
吉林省
新疆ウイグル自治区
遼寧省
北朝鮮
寧夏回族自治区
河北省
北京
天津
韓国
青海省
山西省
山東省
チベット人居住圏
甘粛省
陝西省
河南省
江蘇省
上海経済圏
チベット自治区
上海
四川省
重慶
湖北省
安徽省
江西省
浙江省
湖南省
貴州省
福建省
インド
雲南省
広西チワン族自治区
広東省
台湾
香港
ミャンマー
ベトナム
福建経済圏
海南省
四川経済圏
広東経済圏

いえ、すでに三つの経済圏に事実上、分裂している。

北京五輪に上海や広州は興味もなければ協力もしなかったが、上海万博に北京人は非協力的であり、まして万博と並列して開かれる広東のアジア大会に、北京と上海は興味がない。バラバラである。

中国は独裁国家で共産党が中央管理していると錯覚しがちだが、政治体制、統治はそうであるにせよ、経済政策、徴税は地方政府に大幅な裁量権が与えられている。設定された上限はあるけれど、地域開発のプロジェクトは地方政府の裁量で決まるのである。

すでに北京は天津などの沿岸都市を飲み込んで「北京・天津経済圏」を形成し、この中には遼東半島の大連などを含む（大連は満洲帝国時代でも「内地」扱いされていた）。「北京経済圏」の勢力圏は河北、河南、山西省におよぶ。

上海メガロポリスは「上海経済圏」をかたちづくるが、蘇州、杭州、無錫、南京までの浙江省、江蘇省を中心に江西省、安徽省から湖北省に跨る。そのすぐ南の福建省も上海経済圏が飲み込む勢いがある。金融、ハイテク、ITそしてベンチャー・キャピタルは上海に集中しており、外国人も上海に蝟集して贅を競い、富の象徴のぴかぴかの摩天楼が建ち並ぶ。上海はこの利権をほかの経済圏に渡さない。中国人はいったん飲み込んだ権利は絶対に他人には渡さない。

華南は孫文を生んだ革命的志向が強く情熱的な人々が多いが、どこよりも商売熱心。「広東経済圏」は香港に隣接の深圳、東莞、珠海、中山、仏山、肇慶、恵州など広州市が中枢となって、多くの衛星都市が周りを囲み、さらに湖南省などへ跨る。ここは製造業が中心である。

これら三つの経済圏がもっと影響圏を拡大させようと懸命なのである。「北京愛国」「上海出国」「広東売国」と昔から言われたように三地域がしのぎを削り、経済圏同士がいがみ合い競合するのだ。

こうなると取り残された地域はどうなるか。四川省は二〇〇八年五月の地震以来、巨大な予算が付いたので成都などは建設ラッシュ。隣の重慶も380億ドルの開発予算に潤う。坂道の多い重慶の空間をモノレールと高架高速道路が行き交い、至る所が工事中なので渋滞が激しい。

現在のデータを元にシミュレーションした場合、筆者が最も可能性の高いと考える中国の分裂シナリオは、「華北」「華中」「華南」に加えて、チベット、ウイグルの両民族自治区の独立も確実だから、これで五つになる。内モンゴル自治区は「南モンゴル」としての地下の独立運動があるけれども客観的に見ると現時点ではシナリオに入れにくい。つまり彼らはモンゴルと、ロシア内のモンゴル自治区といまの内モンゴル自治区との合邦を考えており、だから自らを「南モンゴル」と定義するのである。

旧満洲の東北三省（黒龍江、吉林、遼寧の各省）が団結して独立することで六つとなるが、後者には内モンゴル自治区の北東部が含まれることも考えられる。この際、ダイナミズムの風向きによっては吉林省南部に拡がる朝鮮族自治区がどちらに靡《なび》くかも未知数。

七つ目はオプション的となり、四川が重慶、雲南などを飲み込んで新「蜀」を形成するか、いやいやこれらはチベット族が多いので一部はチベットにくっつくかも知れず、あるいは福建省が対岸の台湾へ重点を移して華中の上海に対抗する独自の経済圏（福建経済圏）を模索するか、あるいは海南島が緩衝地帯として独立するかなどのシナリオが考えられる。そのときの勢いによっては八つ、九つに分かれることもあるだろう。

政治はダイナミズムによって予期せぬ事態をつぎつぎに引き起こす特性を持つ。堺の商人らはカネにあかせて武士、浪人を雇い「傭兵」とした。上海が、あるいは広東が独立戦争を北京に仕掛けるときは、傭兵として軍の一部を買収したりするだろう。

東北と西北は三大ブロックの奪い合いになるだろう。

とくに北京天津経済圏と上海経済圏、広東経済圏はすでに明確にブロック化しており、東北部と西北部を三大ブロックがお互いに奪い合う様がいますでに目撃できる。

そのトップを走るのが上海経済圏で、商売上手の浙江商人が主導、とりわけ南に位置する温州人は投機集団としても有名、〝中国のユダヤ人〟と言われる。中国の奥地、どこへ行っても浙江商人らの進出はめざましく、田舎町にも決まって「浙江商城」（ショッピングアーケード、商店街）がある。温州商人は北辺の地から海外にまでネットワークを拡げている。

その二、金融膨張が中国人の貧富を分け、国の明暗を分けた

中国はＩＭＦ体制の改革を叫び、「基軸通貨が米ドルであることは不公平、世界の新通貨体制を米ドル、豪ドル、英ポンド、スイスフラン、ユーロ、日本円、そして人民元に」と獅子吼し始めた。二〇〇九年七月のイタリア・サミットでもオバマ大統領、ベルルスコーニ伊首相、ブラウン英首相の前で中国代表はしれっとして発言した。日本の新聞では日経だけが片隅の記事としたが、英紙「フィナンシャルタイムズ」は一面トップに報じた。

そして二〇一一年一月ともなると、もっと自信をつけた中国は、訪米前の胡錦濤主席がウォールストリートジャーナルなどに寄稿し、「ドル基軸体制は時代遅れ、ドル中軸は死んだ」と豪語した。

通貨シェアはいずれ人民元を全体の20％にと乱暴なことを言いだしたり引っ込めたりしている。

現実のＳＤＲの「通貨バスケット」は、米ドル（46％）、ユーロ（32％）、ポンド（11％）、日本円（11％）の四つの主要通貨だけで、中国からすれば日本円が入ってて、人民元はまだ相手にもされていないという現実がよほど癪なのだろう。人民元のハード・カレンシー入り目標は「ＰＢＯＣ」（中国人民銀行）の二〇〇九年報告にあるから中国の公式見解である。

しかし急膨張して二兆六千億ドルもある中国の外貨準備（二〇一一年三月現在）も多くのからくりがある。

とくに海外への隠し資産が引き金になっての分裂も筆者の想定の範囲内である。

金持ちが貧乏人の面倒を見るという公平な倫理観、あるいは同胞意識、富の分配の平等という人類愛に基づく発想は歴史的体質としても中国人には存在しない。自分さえよければ、それが人生の全てであり隣の貧困地域が飢えて死のうが、関係のないことである。

中国の「ジニ係数」は0・45。つまり国富の45％を1％前後の特権階級が寡占している実態を示す数字である。

だから国富の一部を平然と私《わたくし》し、息子や娘は欧米に留学させ「中国には帰るな」と厳命し、賄賂などのカネを海外に隠匿する。今日までに海外へ留学した中国人はなんと一三六万人。このうち帰国したのはわずか三七万人（＝27％、09年3月統計）。いったん海外へ出た中国人は大半が帰って来ないのである。

例外的な帰国組とて「海亀派」と言われる所以は、大方が外国のパスポートを持っていて、中国で新しい事業で儲けるなり、失敗するなりしたあとは再び欧米に「再帰国」しようという魂胆がある。かれらに祖国の統一などと説いても無駄なことである。

最低に見積もっても１２００億ドル（この金額は中国銀行の発表）の巨費がすでに中国から「蒸発」し、バミューダなどカリブ海のオフ・ショアで運用されている。最悪の予測で２４００億ドルが海外に隠匿されている（詳しくは拙著『人民元がドルを駆逐する』、ＫＫベストセラーズを参照）。

二〇〇八年まで続けてきた金融引き締め政策のブレーキを唐突に緩め、マクロ政策の目玉を「物価統制」から「経済の安定的で比較的迅速の維持」に胡錦濤政権が転換させた。この中国の劇的な変調から対外政策を眺めると、対米関係重視についでロシアに対しての微妙な姿勢の変化が読み取れる。

過去四〇年に亘っての係争地策定に決着がつき、両国は中ロ国境問題を最終解決させた。ロシアのラブロフ外相は中国の楊潔篪《ようけつち》外相と「国境画定作業に関する協定書」

に署名し、面倒な領土問題を棚上げした。かつて四三〇〇キロにも及んだ中国とロシアとの国境に一九五〇年代の中ソ対立期には、ロシア側が七〇万人の兵士を国境に貼り付けた。中国が一〇〇万人の人民解放軍を国境警備に従事させ、実際にダマンスキー島を巡っては武力衝突もあった。中ソはそれほど仲が悪く、一九七一年のニクソン電撃北京訪問は、そうした地政学の隙間をついた。

国境紛争は一九九四年に大枠で合意されたものの、最後の線引きがもつれていた。両国は「相互尊重、互恵、平等」を原則として、アムール川のタラバロフ島と大ウスリー島の西部をロシアが中国に引き渡すことで合意した。合計一七四平方キロメートルにおよぶ領土をロシアが手放す。あの強欲な北方の熊がこんな条件をのんだ背景には、よほどの事情があると考えて自然ではないか。

中ロ国境問題は、ロシアの想定外の大幅な妥協と中国の中華思想の戦術的後退が相まって解決した。電光石火のごとき処理の背景にあるのは、中国の経済政策変更とロシアの商業的打算だ。

この結果、どっとシベリアに進出したのは中国人だ。

これが大問題なのである。ロシア人から見ると中国人は「キタイ」（契丹、ダッタンから由来）、しつこくて、しぶとい人種と見ている。〝期待〟ではなくキタイといまも呼称される所以だ。

すくなく見積もっても二〇〇万人がシベリアから中央アジアに住み着いた。黄文雄氏の推定では五〇〇万人がシベリアへ北上し、ＥＵ加盟国への移住を狙っているという。

プーチン首相（当時は大統領）は国境策定の成功をバックに二〇〇八年夏には北京五輪開会式に臨み、さらには中国・ロシア間のビザ相互免除を話し合った。

近未来の中国は「米国はリセッション、日本の消費市場は中国製品がすでに浸透の上限」を見極めており、次の市場は何処か、まさにそういう文脈で捉えると見えないことが見えてくる。

そうだ。中国の狙いは隣接する資源リッチのロシアに「市場」を本格的に求めることでもある。そうしないと生産した製品などの処理場所もない。

というわけで、二〇〇九年までに中国は天文学的な額の投資をロシアに行った。ロスネフチとガスプロムには先払いの形式で２５０億ドルも貸し付け、その方式はアフリカ諸国、産油諸国、中南米諸国に対してもなされている。合計数千億ドルの海外投資は、隠れたコミッションと見えない利権をともなう。

これらは中華民族の団結とは裏腹の事象である。

その三、利権による縦割りという新空間

上海の利権はハイテク、国際金融、パソコン。華南は製造業、部品などのほかに自動車産業。北京はありとあらゆる大型商談の許認可権をめぐる凄まじい汚職と駆け引きが中枢部の豪華ホテルなどの宴会場や怪しげなバー、秘密倶楽部で行われている。土木・建築屋的なインフラ整備のための大型プロジェクトの予算獲得合戦、公共事業のインチキ入札などに巨額の賄賂は当たり前、麻雀で負けたフリをしたり、なかには美女を多数侍らす色仕掛けの高級住宅を保有する企業もある（90年代の中国を揺らした最大汚職事件「遠華事件」では地方政府の高級幹部から軍人幹部に至るまで美女を提供した）。

中国人民解放軍が一枚岩というイメージも嘘くさい。かつて中国分裂の基本テーゼは、各軍管区が地方軍閥化するので内戦、内乱となるというシナリオだった。毛沢東は地方軍閥の跋扈《ばっこ》を一番懼れて、頻繁に軍管区の幹部を入れ替え、その土地に根付かないように工夫した。

ところが、土着軍閥の台頭懸念は低下したものの、今度は立体的な組織対立が起きた。

軍は総装備部、総参謀部、総後勤部、総政治部という四つの縦割り組織があり、じつはこの四つの部門がそれぞれ武器輸出企業、運輸会社、ホテル経営などをして利権を争奪し合っている。

台湾国民党は外省人が主力であり大陸の中国人と発想は同じである。つまり中国のカネを牛耳っている一方の雄が軍人であり、軍経営の企業であることを知っている。そこで台湾は二〇〇九年七月から中国大陸からの投資を歓迎するという旧来の路線と一八〇度異なる路線へ転換した。

つい二〇〇八年までビジネス情報界で流行した新造語は「ＣＨＩＮＤＩＡ、チャインディア」だった。インドと中国の興隆が世界経済をダイナミックに変えるという楽観的見通しから来ていて、実際に同題名の本がベストセラー入りしていた。

別の新造語は「ＣＨＡＩＷＡＮ」。チャイナと台湾を足して二で割った造語だ。ついでに言うとチャメリカという言葉も米国で流行り始めているが。

不況入りした台湾経済は未曾有の失業者をだして、日々、馬英九政権を困惑させているが、打開を図る一環として大陸からの観光客歓迎、人民元通用という画期的政策に加え、大陸からの資本投資を許可する。これまでは台湾企業が六万社、大陸に投資した金額は公式統計でも２０００億ドルを突破している。現実には５０００億ドルとも言われる。

今度は中国大陸からも、台湾へ投資して貰いましょうと馬政権は「大陸地区人民来台湾投資許可辨法」を制定した。

しかし台湾で最大野党の民進党は、このなかにある第六条「防衛条項」を問題化し、「もし中国の軍系列企業一三八社が国策を秘めて台湾へ投資した場合、どういう対応がとれるのか」として左記軍企業の投資は完全に禁止せよと要求した（台湾の有力紙「自由時報」、09年6月12日号）。

中国核工業集団公司、中国核工業建設集団、中国航天科学技術集団、中国航天科工業集団公司、中国航天工業集団、中国船舶工業集団、中国船舶重工業集団公司、中国兵器工業集団、中国兵器装備集団公司などがそれである。

日本でも「ラオックス」がすでに中国資本参加に入った。水資源の森林地域が中国資本の買い占めの対象となっている。不動産のまとめ買い、とくに東京のベイエリア等ではマンションの五〇、六〇戸を中国系資本が「まとめ買い」をしている。池袋北口など全国各地にはニュー・チャイナタウンの出現がある。最近は上海でまとめ買いのオークションにインターネットによる参加もある。

二〇〇八年五月に四川省を襲った大地震の実損は一五〇〇億元（一元は14円）と見積もられていた。

災害発生時、日本のマスコミは中国のテレビよりも早く、現場から凄惨な被災の模様を伝えた。しかし被災地の復興費用に関しては物価比較が難しいので分析が少なかった。

労働賃金などを購買力平価で換算しなおすと、おおよそ40兆円が四川省地震の被災地復興に必要ということになる。

そこで北京中央の国務院には地震対策チームが発足し交通網（鉄道、高速道路）、電話網（携帯の中継局を含める）、電力と水道。とくに電力はダムが損壊して四川省内の電力は完全に不足している。水道も疫病の発生が伝えられ、再建が急がれる。ついで役所、学校の建設などだが、これには地方自治体が債券発行などにより調達することとなった。

中国は医療ならびに仮設住宅の建設を急務としたが物資の整理、均等の分配のための監査も必要となる。同時に医療チームと病院の充実、他省の病院への重傷者搬出など地震直後の対策以外の細かな作業も急がれた。阪神淡路大震災の再興費用は24兆円（当時の日本のＧＤＰの２・５％）に相当した。

さて右の事情を棚に上げて、ちょっと違った計算をしてみよう。

もし四川省を単独に切り離し、「四川省経済圏」として考えるとどうなるか。重慶を含めて「四川経済圏」は人口一億二〇〇〇万、いやはや日本と同じ巨大国家である。

もともと四川省プラス重慶は「蜀」という独立国家だった。四方を山に囲まれ水が豊かで、棚田も開けるほど自然条件に恵まれていた。だから諸葛孔明は後漢の末裔を名乗った劉備玄徳をかついで四川の地に立て籠もった。

革命後も四川省は水に恵まれたゆえに、ダムを多く造り発電所も多く、ほかへ電力を輸出できるほどだった。ということは逆に河川湖沼の改修、整頓ならびに発電所の再建が、道路建設と同様に優先されるだろう。復興を蜀の国の再建という文脈でみると日本の敗戦直後の普請規模に値するのではないだろうか。

とりわけ重慶特別市に注目である。この長江の中央にある都市は西部開発プロジェクトの目玉として大々的な予算がつき、モノレールから高速道路があたかも宇宙都市のように空間に拡がり、この開発利権を牛耳るのが次の総書記をねらう薄熙来《はくきらい》（前商務相、知日派）だから、話は権力闘争に絡んでややこしいのである。

その四、放心力が求心力より強く、風化する中華思想

海外への流出ぶりを見ていると中国企業は外国では脅威視されても、実態はと言えば「中華」とか「中華民族」とかはシンボルだけになりつつある。

人工的な「愛国」「中華」を標榜して、日本の長野ばかりか、世界中で留学生を使《し》

嚥(そう)して五星紅旗を大きく振らせた。アリバイ証明的に中国の若者は参加したもののバスに弁当付きの動員。一時の熱狂が終わると拝金主義の日々に埋没し愛国ドグマからさっと離れる。

共産主義、愛国という「求心力」が、急速に失われている。

そこで中央政府はひたすら軍事力拡大による愛国を全面に掲げ、最近は「愛国」に「孔子」を加味した。

倫理の希薄な空間に道徳を持ち込むとは、蛮勇なり。世界各地に「孔子学院」を設立し、中国古来の哲学である儒教を教えるんですって。

こうやって新しい中華ナショナリズムを打ち出し、求心力を倍加させようと目論んでいる。しかし軍事大国が求心力たりうるのは、もうしばらくの間である。いずれその加重の重みがどっかと経済の脆弱な基盤を押しつぶすであろう。

世界の軍事費をスウェーデンの「国際平和研究所」が毎年算定しているが、二〇〇九年度のそれは、

1　米国　6070億ドル
2　中国　849億ドル
3　フランス　657億ドル

4	英国	653億ドル
5	ロシア	586億ドル
6	ドイツ	468億ドル
7	日本	463億ドル
8	イタリア	406億ドル
9	サウジアラビア	382億ドル
10	インド	300億ドル

ただし、中国の軍事費は公表の三倍から五倍というのが国際常識である。宇宙開発予算や軍備の新規開発など研究予算は軍事費に計上されておらず、CIAの推定数字は2700億ドル、日本の六倍となっている。いくら経済繁栄が続いても、全体の足を引っ張るのは避けられないだろう。

台湾は一歩先を読んだ。

中国の軍事力を脅威とは見ないらしい。驚くなかれ台湾は蒋介石以来の徴兵制度を大胆にも廃止し、将来的に二二万人のプロフェッショナル集団の軍隊に変異させることが決まった。中国が台湾向けにミサイルを一三〇〇基から一五〇〇基に増やそうとしているのに？

かつて台湾防衛の最前線＝金門島には七万の兵力がいて全島が緊張していた。十数年前に訪れたときは兵士相手の酒場やゲームセンターがそこら中にあった。

七年前に再訪したおり兵力は数千、兵隊相手の商売はすべて閉店か廃業しており、潜水艦基地は観光資源になっていた。

会見した金門県知事（当時の知事は国民党から統一派がでて結党した「新党」所属）は、「アモイに橋をかけて大陸との交流を直接的なものとしたい」と言うので、「えっ？　ミサイルが台湾に照準を当てているのに？」と問うと、半ば笑って、「われわれは同じ中国人、もはや戦争はない。商売、商売」と意にも介さない態度には驚かされた。

蒋介石が「大陸反抗」を呼びかけていたとき、金門と馬祖には大兵力が結集していた。馬祖は目の前が福建省連江県。馬祖の群島の一部は深く大陸の湾内に食い込んでいる。

かつて馬祖群島を守る台湾の軍隊には五万人がいた。やはり十年ほど前に読売と東京新聞の記者と三人で訪れたおりには多少の軍事的緊張感は残っていた。

馬政権以後、四〇〇〇人の規模に縮小し、馬祖もまた観光資源化がすすみ、とくに釣り客のスポットに早変わりしていた。台湾本島から釣り人らがワンサカと押しかけるのだ。

現在、馬祖駐屯の台湾軍兵力は三個歩兵部隊と砲撃部隊四〇〇〇人だが、地形の関係から戦車は配備されておらず、CM－21装甲車両のみ。

このわずかな兵力をさらに半分の二〇〇〇人に削減し、残りを北部軍団に再編入する動きがでている。

馬英九総統は「三不」を唱えていた。戦争をしない、独立はしない、統一もしないという三つの「不」である。

ところが昨今、馬英九は「三不」を言わず「三不排」と言いだした。つまり「不排除統一」「不排除独立」そして「不排除武力」（「不排統」「不排独」「不排武」）である。

こう見てくると論理的に推測すれば、台湾は中国が軍事費の重みで潰える事態を密かに期待しているのである。

その五、偽物文化が統合を毀損する

多くの予測に反して中国の旧正月でも消費が瞠目するほどに伸びた。日米欧の消費傾向とは正反対、首を傾げるほど好景気の影をまだ引きずっているということなのか。

二〇〇九年七月速報では自動車販売台数が世界一を記録した。

クルマの偽物は難しいけれどスクータ、バイクとなると偽物だらけ。

なかでも偽札が中国の全通貨発行量の20％と見積もられている。レストランやデパート、有名小売りチェーンなどではレジの隣に偽札発見機が備えられている。偽札が見つかると警察を呼ぶわけでもなく、「これ偽札よ」と言って突っ返してくるだけ。中国的日常の風景である。

偽のルイ・ヴィトンや、グッチ、フェラガモのハンドバッグ。ダンヒルのネクタイから、はてはブルガリのコートまで。ハリウッド映画のＤＶＤ海賊版は封切り直後の新作が七元（一〇〇円）で北京の繁華街ですら外国人相手に売られている。

偽札の印刷は台湾やくざだとか、広東にマフィアの秘密工場があるとか、いや、北朝鮮に決まっているとか諸説あるが、偽札発見機でも見破れない精巧な人民元紙幣に、通貨当局と公安部は音をあげた（脱線だが世界一精巧な偽札発見機は日本製＝松村テクノロジーだが高価なため、中国はこの大事な機器までコピーするから偽札を簡単に見破れない）。

「当面の消費ブームを目の前にして、一〇〇元紙幣を受け取らない措置をとり、現実にハルビンなど四都市では一〇〇元紙幣の受け取りを拒否、五〇元紙幣の使用が奨励されている」（フィナンシャル・タイムズ、09年1月15日付け）。

同紙によれば「中国で偽札を闇世界で調達する相場は額面の32％」という。

偽札は戦争における後方攪乱の有効な手段であり、戦争の武器であり、共産党も国民党も清王朝崩壊から国共内戦に至る動乱期に双方が盛んに造ってばらまいた。日本の軍票の偽物もあった。いってみればお家芸であり、その付けが回っているのである。

日本ところで日本の保守論壇の中国論は政治分野に集中し、イデオロギーとナショナリズム批判が中軸にあり、軍事問題への特化論文も目立つが、中国最大の難題である経済に切り込む論考が極めて少ない。

正確な中国経済の分析は英米ならびに香港のシンクタンク情報だ。筆者もそのなかから正確に近い数字や統計を分析方法に用いてきた。理由は簡単。中国国家統計局の数字は信用に値しないからだ。中国発の情報に依拠するとかならず誤断するのである。

高度成長神話が破滅し、ピカピカに輝いたかに見えた中国の繁栄が蜃気楼と化しつつある現実を、いま日々目撃している。

昨今は中国のメディアでさえ経済の惨状を渋々認め始め（たとえば失業は二〇〇〇万人、都市部残留の失業予備軍一三〇〇万人という当局の数字）、大不況入りの最中に、やや正確な数字を使い始めた点に留意したい。

つねに矛盾しているのが中国だが、この偽物文化の説で国家分裂に結びつくポイントは何かと言えば「愛国主義」とか「中華民族」とかのスローガンそのものが偽であるということなのである。

その六、矛盾する少数民族支配

欧米は中国の少数民族支配を「人権」の視点で狭く捉えている。中国人（漢族）が異民族を支配し、領土を暴力で占領しているという事実は軽視されている。人権問題はしかし本質ではない。基本は他人の国を侵略し、略奪の限りを尽くした後も、その残忍な侵略者が、まだそこにいて、残虐無比な支配を続行しているという事実である。国民国家などと言って「国民」の定義もなければ「中国人」「中華民族」の定義も曖昧なままに。

中国共産党の少数民族「支配」のノウハウには左記の七つの共通項がある。

第一は言語政策と歴史教育の漢族優位主義である。

徹底した普通語（北京語）教育を小学生から強制して教え込み、民族独自の言葉を若者から奪った。チベットでもウイグルでも若者の多くが、いまや伝統的な言葉を喋れないという悲惨な状況となった。大学入試も公務員試験も、自動車免許も北京語である。

民族が伝統的な言語を失うと、歴史の記憶も希薄になり、やがて民族のアイデンティティを失う。それが中国共産党の長期的戦略にもとづく少数民族支配の基本原理になる。

第二は党細胞が、侵略した地域の奥地に至るまで確立されており、行政が末端に及んでいると豪語していること。

実態は漢族が基軸の党細胞で、田舎へ行けば行くほど都会で死滅寸前の「當案」(個人の監察プロフィール)が生きている。したがって支配階級(=党)に反旗を翻そうと組織的な行動をとれば、すぐに弾圧される。

第三は資源の盗掘を「地域の経済発展」だと嘯《うそぶ》いていることだ。

たとえばチベットでは「農奴」を解放してやったなどとして軍の侵略を正当化しているが、チベットは遊牧の民で農奴はいなかった。チベットの水資源は長江、黄河に流れ込んでいる。

ウイグルは中国の核実験場として使われ、ある研究レポートでは一九万人が被曝して死亡したという。広島の直接の爆死者より多い。そのウイグルで原油とガスを漢族の「企業」が盗掘し、上海など漢族の生活圏へ輸送している。地元に利益還元は殆どなされず、たとえ利益還元があっても地元の共産党幹部しか潤っていない。南モンゴル(内モンゴル自治区)からも石炭や鉱物資源が盗掘されている。

第四は徹底した宗教弾圧である。

チベット仏教の総本山、ラサのポタラ宮殿は一〇〇〇もの部屋があるが、いたるところに公安がいる。多くの仏教寺院には境内のなかに公安の詰め所、大伽藍のある宗教設備にはパトカーが常時駐機している。

イスラム教のモスクはかたちが残るだけで朝のお祈り風景は見られず、いや中国ではコーランそのものが禁書であり、宗教音楽さえ聴くことは稀である。

だから人々は「どうせスパイが混入した表通りの寺院やモスクへは行かない」と言う。

キリスト教徒の多くは地下教会でお祈りをする。この地下組織が爆発的な抗議運動を展開すると、イランやイラクのような一夜にしての反政府暴動も起こりうるということである。

第五は都市設計の歪みだろう。

フフホトではモスクの周囲に異民族の新しい移住区があり、チベット仏教の周りはイスラム街区となっている。ラサでもモスクが目を引く。ムスリムが大量にチベットに移住させられている。こうして異教徒をモザイク状に配置して民族同士の紐帯《ちゅうたい》を阻害し、分断し、支配を強固なものにするのである。

そして漢族以外の「少数民族」に対しては「人間の尊厳」が無視されている。

第六はそもそも数百万人のチベット族、ウイグル族、モンゴル族を「少数」と規定する語彙の使用そのものが、政治的意図をもった言葉の詐術である。

第七は軍事優先ですべてがなされていることで、民主主義などと欧米が中国に要求するのは内政干渉であるばかりか「和平演変」の替え玉、西側の謀略という捉え方をする。

チベット人居住区（チベット自治区、四川省、青海省、甘粛省にまたがる）には合計五〇万といわれる人民解放軍ならびに武装人民警察が駐屯している。ウイグルには一〇〇万人の「開拓団」なみの軍隊（新疆生産建設兵団）が駐屯して自活しているほか、核実験部隊がある。

反漢族への反乱が起きたとき、軍事的にひねりつぶすため、対外戦争の筈の軍が対内戦争の準備のために割かれているのである。中国の少数民族問題が近未来に解決されそうという展望はない。

その七、ネット社会と言論の洪水

二〇一一年一月、チュニジアの独裁政権が倒れた。同年二月、こんどは中東の大国エジプトでムバラク政権が倒壊した。いずれもネット社会、とくにツイッターとフェイスブックの活用により民衆が抗議デモを組織したことが大きな力となった。中国共産党は、この出来事に震撼した。

パソコンのネットワークを厳しく監視する国家公安部はモニター強要の暴挙にでた。こうなるとモグラたたきのモグラか、あるいは猫とネズミの関係である。

典型の事件が二〇〇九年五月十日に起きた。

中国湖北省巴東県政府の幹部三人が、地元の「雄風賓館」でカラオケを楽しみ、飲んだ勢いで女性従業員の鄧玉嬌に「性的サービスをするよう」要求した。ところが拒否されたため三人は集団で強姦を企て、鄧玉嬌が強く抵抗、ナイフで主犯格を殺害し、もう一人の幹部に怪我を負わせた。

殺害後、自ら警察に通報し自首。警察は彼女を逮捕して精神病院に収監した。ここまではよくある話、中国では日常茶飯、たいがいは泣き寝入りである。

ネット時代、共産党末端の横暴は民衆から意外な手段での報復を受ける。地元警察は精神病院に収監されていた容疑者に暴行を加え、虐待したほか鄧玉嬌の母親を脅して、「死者（鄧貴大）の精液が付着した彼女の下着を処分せよ」と命じた。さらに無料弁護を申し出た弁護士の解任を強要した。

あまりの横暴を見かねた匿名氏がネットに書き込みを始める。するとあっという間に中国のいたるところに伝わった。共産党の情報操作の網の目をくぐることがあるのだ。

およそ二億人の署名が二週間であつまり、殺人犯の鄧玉嬌を支援した。彼女は一躍、ネット上のヒロインになった。彼女をモデルの「巴東烈女伝」がネット網に流れると熱狂的に読まれ、若い男性を中心としたファン・クラブも登場した。それらの多くは鄧玉嬌を早く釈放するよう当局に要請した。つまり、中国の庶民が初めて「世論」を形成したのだ。

民衆の抗議がネット空間でなされ、それが成功した異様なケースとなった。

北京言語大学日学文研究所の高旭東所長が代理弁護を要求したおりの手紙も公開された。

「孟子曰く『富貴も淫する能わず、貧賤も移す能わず、威武も屈する能わず、これ大丈夫という』(富貴でも不正をせず、貧しくても卑屈になることなく、威勢な武力に屈することはない。これは立派な行いである。鄧玉嬌さんの行為は中華民族の精神である)。事件を歪曲報道する新華社は真実を語れ」。

結果、当局は鄧玉嬌を殺人罪で起訴しようと準備したが、世論の高まりの前に不起訴、書類送検だけにとどめた。信じられないことが起こったのだ。

こうしてインターネット世論が独裁政権の脅威となった。

これまでの暴動やデモは農地を収奪された農民が政府ビルに詰めかけ、投石し、建物を破壊し、パトカーを燃やすなど群衆行動が多かったが、近年は共産党幹部の不正や腐敗を批判する行動が目立つようになりつつある。

そういえば二〇〇八年に上海の公安警察六人が、たった一人の若者に刺殺された事件でも、ネット世論は圧倒的に刺殺犯を支援し、「烈士」「義賊」と賞賛の嵐だった。

今後、ネット社会が中国を変える可能性はどれほどあるか。

ネットはまず西側の政治を大きく変えた。

米国政治の基調のひとつは大統領が国民に直接話しかける手法が活用されることだ。

日本ではオバマが単に「チェンジ」と「Yes, We Can」だけで当選したと考えている人が多い。ポピュリズムの源流はフランクリン・ルーズベルトがラジオで直接、国民に政治を語りかけ、これをレーガンが踏襲して毎週、ラジオを通じて国民に優しく米国の直面する問題を語った。それで高い人気を維持し、レーガンは「グレート・コミュニケーター」と賞賛された。

クリントンは選挙戦で泡沫候補のときからテレビニュースのインタビューを活用、ブッシュが「アーカンソーの馬の骨」と馬鹿にしていたときもテレビニュースにこまめに出演し、ブッシュ政治を批判して顔を売った。このためいつの間にか本格候補に化けた。テレビニュースを活用したのが勝因に繋がった。

バラク・オバマはユーチューブとインターネットの活用で浮上した。彼がメディアを変えたのだ。

当選後、オバマはフランクリン・ルーズベルト、レーガンのラジオ活用をネットとユーチューブに見いだした。大統領専用のサイトには現在、二〇〇〇本近いオバマのヴィデオがアップされている。選挙期間中と就任演説、さらに週末のスピーチなど。しかも閲覧回数が一〇〇万、二〇〇万回と群を抜いている。最高閲覧頻度は七二一万回（昔のテレビショーの録画画像）、一方で活字媒体は滅茶苦茶の苦境に陥っている事態はよく知られる。

となると中国がネットを警戒するのは当然である。

中国はインターネットの情報を統括するために、逐一の検閲で、それぞれの機械にフィルターのインストールを義務づけたのだ。

全てのネット上の情報と会話を監視するシステムである。このフィルターのソフトはカリフォルニア企業の「ソリッド・オーク社」が発明したソフトウエアの盗難、もしくは模倣ソフトらしい。またミシガン大学の研究グループが開発した「サイバーシッター」と呼ばれるソフトウエアが盗まれた可能性があると「ウォールストリート・ジャーナル」（6月14日）が報じ、中国のパソコン四大メーカーに抗議電話が殺到した。

言論の自由のない国で唯一拡がっていた情報の自由なやりとり。中国のパソコン普及はめざましく、インターネット利用者は世界一の6億人。四大メーカーはデル、HP（ヒューレット・パッカード）、エーサー（ACER。台湾系）、そしてレノボ（中国系）。

当局はパソコン通信が「ポルノ、法輪功など反体制や売春などよからぬサイトにも接続可能なので、自動フィルターのインストールを義務づけ、検閲を強化する」とした。

ところが新法が実行に移される数時間前になって、中国政府は当該「グリーン・ダム」プロジェクトの延期を発表した。二〇〇九年七月一日から義務づける予定だった「検閲ソフト」搭載が延期された。中国のユーザーやブログでは批判、非難が相次いでいた。

米国の保守メディア「ワシントンタイムズ」は「稀な政策転換」として次のように論評した（7月1日付け）。

「中国は国内外の圧力に抗しきれず、PCへの検閲フィルターのインストール実施を延期した。米国が『貿易障害』にあたるとしてWTO提訴を示唆した所為もあるが、PCメーカーが七月一日実施には間に合わないこと、もっと深刻なのはそれまでにチャンとしたソフトが完成しない。中途半端なフィルター・ソフトしか搭載できないことも分かっていたからである」。

これは「中国シビル社会の勝利だ」と時期尚早に分析する中国人ブロガーもいるが、はたして、中国が情報の検閲を完全にあきらめる筈があろうか。

中国共産党の遣り方をみていると、これからじわり時間をかけて陰湿に、しかし事実上の検閲システムを構築するだろう。

かくして中国では新しい言論空間であるネットでさえ、「民主化」なる言葉は想像上の産物であり、中国に民主化がすぐに達成されるなど夢想に近い。

民主化をのぞむ勢力は理性的理論的に「中華連邦」を主唱しており、たしかに欧米在住の中国人にはパンチのある考え方だが、中国本土ではそれほどの力をもたない。

それよりもこの章に掲げた七つの事由が重複し、錯綜し、中国が混乱に陥ると、中国の過去の歴史のパターン、すなわち分裂が起こるだろう。

第二章　自壊する中華帝国

中国経済の回復が世界経済を牽引?

中国は近代政治学が定義する「国民国家」(Nation State) ではない。古代王朝の延長線上にある「独裁王朝」である。秦始皇帝以来の漢隋唐宋元明清王朝とつづいた支配機構が「共産党王朝」と代わり、それが世界の軍事・経済の覇権をもとめているわけだから「中華帝国」と呼ぶにふさわしい。

「中華帝国」は改革開放政策の成功によって経済繁栄に酔いしれ、その安定は盤石になりつつあるというのが世界のチャイナ・ウォッチャーの大半の見方、分析である。

だが過度の期待は禁物ではないのか。

安定を一晩で覆す新疆ウイグル自治区の騒擾《そうじょう》が象徴するように西側先進国とはまったく対照的な出来事が不意に出来《しゅったい》する。

経済も安定がほど遠いというのに、二〇〇九年第二四半期から中国では新車販売が突如「V字型」の回復を示したそうな。米国ではGM倒産、日本ではトヨタ、ホンダの苦境を横目に見ながら新車が売れる?

工業原材料が値上がりし、各地のビル建設現場もふたたび活況を呈した。これは二〇〇九年三月以来の奇妙な現象で、「奇跡」に近い原因は四兆元(五七兆円)の財政出動の効果である。銀行貸し出しは一〇〇兆円以上にのぼる。

景気が上向くとなれば投機資金が流入し、鉄鉱、セメント、ブルドーザ、建材などの買い占めがおこる。

この表面的現象は連続的なカンフル注射の効果であって、中国経済そのものは治癒の見込みのない重症に変わりない。

リーマン・ショック直後からの中国経済の重症は米国への輸出が激減したのが主因だった。

それまで連続二桁成長の中国が、突然6・5％成長（ＩＭＦ推計）に減速したわけだから、一三〇キロで高速道路をぶっ飛ばしてきたクルマがどすんと何かにぶつかって四〇キロか五〇キロのスピードでふらついている状態である。

官製報道はともかく、本物の回復でない証拠を幾つか例示しよう。

第一は新卒大学生に就労チャンスが、ますます減っている現実。第二は人口動態の急速な老齢化である。

英誌「エコノミスト」が辛辣に書いた。

「二〇〇九年の大学新卒は六一〇万。中国の大学キャンパスは最悪ムード、二〇一〇年は七〇〇万、二〇一一年卒業予定は七六〇万人。就労のチャンスはますます希薄になる。二〇〇〇年との比較で大学生数は六倍になった」(09年4月11日号)。

若者が暇なうえ、職がないとなれば、やることは一つ。天安門事件の再来だ。

学生運動を警戒する中国政府は、それゆえに危機感を抱いており7300ドルを上限に学生ローン、つまり起業する学生に開業資金を貸し出す。就労のチャンスがなければ自分でビジネスをやりなさいと大学が資金の貸し手になる。軍に入る者は四年間の授業料を返還する。

辺境地域の公務につく者も同様。地方公務員は戸籍による制限を新卒者に限って免除する方針もでた。行政の末端、各町村、辺境の村々で教員・福祉などのサービスに従事する者を各町村二名採用と強制措置もとった。三〇〇〇のポストに一万七〇〇〇名が応募した。

結果、学生の共産党への入党が顕著となり、驚くなかれ8%、一九九〇年代に共産党員である大学生は1%にも満たなかった。凄まじいガス抜き効果を上げたのだ。

むろんいまの党員願望は運転免許証があると就労に便利なように、イデオロギーではなく便宜的党員が大学生に急増しただけのことである。

人口動態の激変から予測されるのは老人急増と若者が相対的に減るという、中国の近未来の社会構造のアキレス腱である。

一九七九年に中国は「一人っ子政策」を導入した。漢族には厳密に一人っ子、法外な罰金を支払う場合のみ二人、その数倍の金を支払う余裕がある特権階級のみ第三子が認められていたが、香港に近い漁村とか富裕層以外、収入がおぼつかなく罰金を支払えない。だから殆ど例外なく「一人っ子」である。

例外は少数民族で、そのマイノリティの度合いに従って二人、三人までＯＫ。

近年あまりに弊害が大きく、漢族同士、一人っ子同士の結婚の場合は二人までに緩和された。近年中にさらには一人っ子政策が劇的な緩和方向にあると観測される。

将来はともかく、現実の現場が問題である。

農村部へ行くと、小学校のクラスに男子が顕著、地域差はあるが一部には4対1という男尊女卑の農村もある。農村平均は１４３対１００という数字がひろく用いられる（反対に上海など先進的都会では女の子が可愛いと言って男子よりすこし多い）。二〇〇五年調査の平均でも中国全土では、少年１２０に対して少女１００という割合が確認されている。

日本は制限もなにもないのに、出生率1・20とか1・23とか。これは女性の結婚観の変化が一番の原因である。結婚しない、あるいは結婚しても子供が要らないという日本人女性がなぜ、これほど急増したのか。

あるいは、極端な女尊男卑（「男尊女卑」ではない）がなぜ、生まれたか。社会科学最大のテーマになりつつある。

単に女性の働く場所が増えて収入が増えたとか、四大卒の女性はそれにふさわしい収入の男しか求めないとか、そういう現象的な問題ではない。いまや、人生そのものへの取り組み、すぐれて生物学的視点をこえて、哲学の領域で日本人の考え方は変わったという重大な文明的要素のほうが大きいだろう。

エマニュエル・トッドは識字率と出生率の変化、その相関関係に謎を求め、独自な人口論を理論化した。

現実を「イデオロギー的ないし宗教的危機を退行現象と考えること」自体が間違いであり、「実際は逆に、そのどれもが移行期危機なのであって、その間、近代化が住民を混乱に陥れ、政治体制を不安定化する」からだ（ユセフ・クルバージュとの共著『文明の接近』、藤原書店、石崎晴己訳。傍点宮崎）。

第三にバブル・マネーの蒸発も中国経済の先行きを暗くしている。

あのバブリーなカネは何処へ蒸発したのか。

旧約聖書に出てくるバベルの塔が突如崩壊したように、カネが消え、富が海外へ逃げ、帝国は不意に崩れる。

軍事覇権と並行して資源鉱区へ投資

ソ連帝国は無謀な軍事費の重みに押しつぶされた。

中国も同様な道を歩む可能性がある。それなのに中国は半世紀かけて海軍力を充実させ、さらには向こう十年以内に空母二隻体制にすると豪語している。「ステルス戦闘機も十年以内に二百機になるだろう」（ゲーツ米国防長官、２０１１年2月17日公聴会証言）。

自滅を自覚しての暴走なのか、それとも劣等意識の裏返しがそうさせるのか。同様に目指すのが通貨覇権による経済大国。こうなると何が本当なのか、よく分からない。

世界的な投資家のひとり、ジム・ロジャーズが言った。「二十一世紀は中国の時代である。しかし中国の成長期は始まった途端に終わるかも知れない」（『中国の時代』）。

中国の長期戦略は、それが達成できるかどうかは別として、世界市場に米国に並ぶ経済覇権の確立である。

そのためには人民元をハードカレンシーとさせたい。やがて日本円を駆逐しアジア一帯で通用する新「人民元」（これを「華元」と呼ぶらしい）として、かつての宋銭、明銭のような経済覇権を確立することにある。

つい近年まで半世紀にわたる中国の軍事的躍進を誰も予想しなかった。

いまから半世紀後、中国が世界に通用する新通貨を確立する？

ドルに代替できる通貨を確立することはあり得ないと否定できないほど中国は実力を蓄えた。いまは夢でも営々と励めば実現できないこともないだろう。

しかも「中国の金保有は二〇〇三年の金解禁以来、四五四トンから〇八年統計で一〇五四トンになった、これは世界第五位である」（ヘラルドトリビューン、09年4月25日付け）。そして二〇一〇年統計で、中国は世界一の産金国プラス世界一の金消費国となる。

この数字をみると新人民元の金本位制移行という未来シナリオが着々と進んでいることが分かる。

しかし中国の海外投資のやり過ぎも軍事費の負担増と同じように懸念材料だ。近未来のある日、このバランスが失速する恐れが同時に高まっている。たとえばイラク再開発油田にいつのまにか中国が利権を確保している。

イラクは現在、日量240万バーレルの石油を生産し、多くを輸出し外貨を稼いで復興資金にあてている。三年以内にイラクの生産能力は一日400万バーレルに回復する。

サダム・フセイン独裁政権末期、中国はバグダッドで協定を結び、いくつかの鉱区の開発利権を得ていた。サダム政権崩壊とともに、これら前政権との契約は反故となった。

ロイヤル・ダッチ・シェルはイラク最大の油田キルクークにおける大油田開発に乗り出す。そのパートナーが中国石油集団（ペトロチャイナ系列）になると表明した。イラクは70％までの外国資本の参入を認める方向。ロイヤル・ダッチ・シェルは鉱区開発プロジェクトに、さらに中国から15％～20％の出資を仰ぎ、合弁形式としてリスクをヘッジする。

アメリカの庭も中国が荒らしている。

反米の旗手、第三世界のチャンピオンとして人気のあるヒューゴ・チャベス（ベネズエラ大統領）が北京へ飛んで吠えた。一九九八年就任以来六回目の訪中である。「世界新秩序」の構築を中国、日本、イランでやろう、とチャベスは提唱したが、米国の帝国主義覇権は中国、日本そしてイランに移転しているという。チャベスは胡主席との会談でも、「世界新秩序は多極化の世界のなかで、バランスのとれたシステム。一極主義の時代は崩壊した。極は北京と東京とテヘランに移行しつつあり、誰にも明らかなように東へ、そして南へ極は移動する」。

中国はベネズエラの鉱区開発に120億ドルを投資、現在日量38万バーレルの原油を輸入している。二〇一三年にはベネズエラから一日100万バーレルの輸入体制を構築するために四隻の巨大タンカーの建造や、三カ所に新たな製油所建設を推進する。

フランスの石油メジャー、トタルSA社は数十億ドルかけて、ベネズエラに三カ所の石油生産サイトと製油所を建設する交渉を続けてきた。チャベス反米政権と交渉するのはフランスの外交技量か、それともフランス人特有のフレンチ至上主義（中華思想に似ている）からか。

オリンコ地区にあるカラボボ石油鉱区（推定埋蔵量は2720億バーレル）の開発はインドなども希望してきたが、この契約は主として中国向けとなる。同地区で精製所を建設後、ガソリン、ディーゼルとして中国へ輸出される。原油精製は広東省の精製所でも行われ、これもベネズエラ―フランス―中国の国際合弁形式になる予定。

こうした動きの背景は何か。

第一に欧米メジャーの発掘と精製技術を、中国が必要とするためだ。とくにベネズエラ産原油は質が重く、ガソリン、ディーゼルになるが、これは中国がつねに品不足のものである。

第二に欧米メジャーが中国と組むのは、将来、中国北西部に眠るガス鉱区開発に重点的狙いがある。

第三は一口に鉱区開発と言っても、いざ石油を掘り出すと、埋蔵量の予測がはずれたりするリスクを伴うため、リスクを合弁でヘッジしあうビジネスモデルを中国が理解できるようになったからだ。

しかし世界のあちこちで鉱区を買いあさった中国は巨額の投資資金への有利子をどうするのか。ある日、商品市況が崩落したときにどうするのか。まるで自壊へ向かってまっしぐらに驀進するかのような粗暴な遣り方が気になる。

ほかにも留意する特徴点がある。

第一に中国はインドネシアからのガス輸入をＬＮＧタンカーでも開始した。日本の造船技術でしか無理と言われたＬＮＧタンカーを中国は二〇〇八年から建造できる能力をもった。上海の北方、崇明島のドック。ここで二〇二〇年をメドに二隻の空母も建造される。

ついでに言えば旧ソ連から購入した空母ワリヤーグは大連で装備工事の最後の仕上げに入り近海を遊弋《ゆうよく》しはじめた。

第二にトルクメニスタンからのガス輸送は延々七〇〇〇キロのパイプライン敷設工事を終えた。ロシアをバイパスしてカザフスタン経由で新疆ウイグル自治区に運ばれている。

東西に資源の供給源を割り振っているところが戦略的思考の表れ、日本ならこんな遠大にして長距離パイプラインは商業コストに合わないから建設しない。つねに軍事的発想が一番の中国の考え方がよく飲み込めないのである。

第三に中東からのバイパス・ルートがパキスタンとミャンマーだ。

そして、この二と三の長い輸送路は、途中の安全保障の確保に直結する。長いシーレーンを脅かす海賊と同様に各地の「テロリスト」は絶好の標的とするだろう。

第四に食糧輸入戦略が絡み始めたのも、中国の海軍増強戦略と結びつく。

アフリカの大地が中国、韓国、サウジアラビアなどの餌食となって農場に化けており、これもまた凄まじき勢い、とりわけコンゴで二八〇万ヘクタールを中国が借り受け椰子油を生産している。これは食糧危機回避が目的か、それともエタノール燃料が目的か。

クウェートがカンボジアで米を生産中、中国は米国で大規模な牧場を買い、養豚場を建設、こうなるとインド、サウジアラビアもエチオピアで、英国はモザンビークで、エジプト、クウェートもスーダンで小麦などを生産している。

ところがマダガスカルでは韓国の進出に軍事クーデターが起きて政権が転覆した。中国はフィリピンの農地買収に失敗した。

他方、中国は日本の水資源取得へ動いている等の面妖な動きも並行している。

シーレーンの確保と当該領域の国々

マラッカ海峡から南シナ海を通過するシーレーンの安全確保のために、中国海軍が着実な動きを示してきた。

南シナ海の南沙諸島にあるミスチーフ礁。最初はテント村だった。いまではコンクリートを流し込んで人工の島を造り、ヘリポートが存在する。これだけでは飽きたらず、三〇〇〇トン級の大型艦艇が停泊できる港湾となし、さらには飛行場を造れと叱咤激励している軍のトップがいる。国際法は完全に無視されている。

二〇〇九年六月、張黎・元人民解放軍副総参謀長が全国政治協商会議の席上で右の強硬提案を開陳した。中国は西沙諸島の永興島に航空管制センターを備え、ジェット戦闘機や大型旅客機が離着陸できる二六〇〇メートル滑走路を完成させ、すでに軍事基地としている。

当該南シナ海の海域では〇九年三月に中国艦船が米海軍音響測定艦を妨害する事件が起きている。すでに海南島の南端、三亜に潜水艦秘密基地が確認されており、中国潜水艦の訓練海域である。気がつけば中国は歳月をかけて凄まじいほど壮大な戦略の実現に歩んできたことになる。

外交上の無駄な投資も夥しくある。

典型例は南太平洋に浮かぶフィジー。人口わずか八三万人だが歴とした独立国家。オーストラリアの庇護下にあり、大英連邦の一員（脱退したり再加盟したり忙しいが……）。人権に問題があり、豪とニュージーランドが経済制裁を加えている。

フィジーには志願兵の軍隊が三五〇〇名。フィジーは群島をあわせても四国ほどの面積しかないが、インド系と先住民との確執が絶えず、対立が悪化している。フィジー人が57％、大半は英国植民地だったこともあり、キリスト教徒。ところがインド人が38％おり、かれらはヒンズーかムスリムである。

フィジーは一九七〇年に英国から独立した。しかしインド系少数民族弾圧により暴動が起こり、現在のバイニマラマ政権は二〇〇六年クーデターによる。大英連邦脱退、インドと外交断絶、少数民族弾圧などで観光客が激減、経済は低迷し、民主選挙実施までは最大援助国の豪が制裁を科した。このため大英連邦に再加盟し、インドとも国交を回復したが、軍事政権は民政移管を延期している。

ここへ登場するのが例によって中国である。

クーデターで政権掌握したバイニマラマ政権に対し中国の援助は七倍に急伸、二〇〇六年は２３００万ドル、〇七年は１億６０００万ドルであった。

目的は第一に台湾との断交を迫るためである。第二に東シナ海から南シナ海を扼《やく》する海域に海軍の将来的拠点を築いておこうとする軍事的野心が透けて見える。

こう見てくると中国がやっていることには長期戦略に基づく整合性がでてきたが、あまりに強気一点張りの遣り方は同時に破綻の危険性をともなう。近未来が明るいとばかりは言えまい。

ロシア国内に蔓延するネオナチ運動

「分裂の先輩」であるロシア帝国が十五に大分裂のあと、どういう運命をたどったかを検証してみよう。

基本的にソ連は十五の共和国に分かれ、その多くは反ロシア路線、親西側路線を歩んで、一部はＮＡＴＯ加盟国となった。グルジア、ウクライナもＮＡＴＯ加盟を目指してロシアと深い亀裂を生じさせ、プーチンは反動的なナショナリズムを鼓吹して身内を固める。だが、たとえばカザフスタン、キルギスに残る多くのロシア人の安全のため過激な敵対政策もとれず、中央アジアとカフカスへは微温的外交で時間を稼ぐ一方、ベラルーシ、ウクライナ、グルジアに対してはガス供給を止めたりの経済戦争を仕掛けるといった具合である。

中国はロシア分裂を深刻に受け止め、将来の最悪シナリオを用意する一方で、早めの対応策を取り出した。それがチベット、ウイグルにおける反政府運動への大弾圧と、法輪功や民主活動家の一斉検挙・拘束である。

上海シックスを牽引し始めた中国の狙いは、カザフスタン、タジキスタン、キルギス、ウズベキスタンなど旧ソ連イスラム諸国を巻き込んで「テロ」対策を講じていることである。


ロシア内務省の「テロ対策報告」は意外な事実を伝えている。

テロリストは反政府勢力ばかりではなく右からの政府転覆テロもありうる。

ロシア国内にネオナチ運動が猖獗《しょうけつ》を極め、教会、鉄道、外国レストラン爆破ならびに政敵の暗殺を繰り返しており、プーチン政権への脅威となっている。テロリストの活動家は一万名と推定され、多くのセクトに分かれている。シンパを含めたネオナチのメンバーは二〇万人と推定されている。

猖獗を極めるのはプーチンの出身地のサンクトペテルブルクだ。

基本路線はプーチンの愛国主義より過激で、祖国のため、子孫のため、母国のために自己犠牲を惜しまずとする。スターリンを崇拝し、プーチン路線では物足りないという考え方に基づく（ＩＳＮニュース、09年5月20日付け）。

テロ、暗殺などの暴力行為で派閥を拡げ、その組織論はアルカイダの遣り方に近いとロシア内務省は分析している。内務省報告は、「過去のテロ事件は彼らの仕業」としている。

二〇〇三年四月六日、サンクトペテルブルクのマクドナルドが襲撃された。〇七年二月十八日にも再襲撃され、店が爆破された。

〇四年六月十九日、ネオナチの過激主義者ニコライ・ギレンコがサンクトペテルブルクで暗殺された。

〇五年、列車爆破事件が起こり、一〇名が死亡、三九名が重傷を負った。同年にサンクトペテルブルクのロックコンサート会場襲撃未遂。

〇九年一月十九日には教会、鉄道駅同時爆破未遂で相当数の活動家が逮捕された。

主要グループは「シュルツ88」と呼ばれ、ユリ・ベリャヤエフという人物が指導者。「シュルツ88」の由来は、アルファベットで八番目はＨ、88はそのＨが重なりＨＨで、「ハイル・ヒトラー」の暗号という。日本では殆ど知られていないが、ファシズムへの足音がロシアから聞こえる。

ただし２０１０年モスクワ地下鉄爆破、11年1月のモスクワ国際空港爆破はいずれもチェチェン、イングーシなどイスラム教徒のテロリスト未亡人らの仕業とされる。

ロシア、ウランを米国へ売却開始

ロシアにとってはウランもまた戦略物資である。

ロシアのウランも欧米（とくにフランスとオランダ）および日本の原子炉向けに大量に輸出されてきた。これを米国へも輸出することになった。

これは核兵器製造に必要な濃縮ウランを精製する過程での副産物（バイプロダクツ）で原子力発電の燃料となる。兵器には転用できない。かつてロシアは核兵器製造過程での、これらバイプロダクツを大量に保管してきた。冷戦時代のロシアは世界の40％もの濃縮ウランを製造し、その設備過剰と対比的に過小な原子力発電施設。だから原発用の燃料となるウランが余った。

「最終的にこれらを商業市場で処分したいだけのことだ」とロシア国営「ロスアトム」の広報担当セルゲイ・ノビコフは言う（ヘラルドトリビューン、09年5月27日）。

米ロ間には一九九三年に締結された政府間取り決めにより濃縮ウランは、米国政府認可業者のみが扱った。今後、濃度の低いウラン燃料に関しては、米ロそれぞれが民間の発電関連企業間でも取引ができることとなった。

冷戦がおわってソ連が解体し、ワルシャワ条約機構が破綻し、NATOは東方へ拡大し、世界的な地殻変動の余波はまだ続いている。

第一にアゼルバイジャンはグルジアの孤立無援な状況に手をさしのべてガスを供給している。グルジアは勇敢にロシアと戦っている。

第二に従来、アゼルバイジャンの石油とガスはロシアのガスプロムの流通ルートにしか依存できなかったが、トルコへのジェイハン・ルートが繋がり、西側とも直接取引が可能となった。

第三に親子二代に亘るアリエフ政権は西側寄りの政策を一貫して続けており、政治的安定感がある。

NATO加盟国の中でも、イタリア、ルーマニア、トルコ、ポーランド、英国そして北欧諸国がアゼルバイジャンの加盟を強く支持しており、残りの国々も、カラバフ問題の解決の見通しが立てば反対の理由はないと推測される。さらにNATOにとってのアゼルバイジャン加盟支持の流れは、アリエフ政権がアフガニスタンへの派兵に協力していることで（現在一八四名）、追加増派にも前向きな姿勢を評価する向きが多い。

一方、おなじくアフガニスタンに協力的なグルジアとウクライナのNATO加盟問題は、ロシアの姿勢が明らかに反対であるため、アゼルバイジャンの加盟より時期的には遅くなるだろうと見られる。

このようなポスト冷戦構造の地殻変動の波は、いずれ米韓、米日、米豪、米印の安全保障条約の改定、変動へと繋がるだろうが、それは東日本大震災のような巨大なTUNAMIとなるか、漣《さざなみ》か。

第三章　求心力と放心力

求心力は愛国と軍国主義

中国がまがりなりにもひとつに見えるのは、軍事力という国家を束ねる凄まじい力である。

いや、軍隊ではなく「暴力装置」と呼び替えてもいいだろう。一般的な軍事力とは異なり、中国のそれは共産党に従属する私軍《プライベート・アーミー》であっても、国軍ではない。外国と戦争をする目的よりも国内の反政府勢力をひねりつぶす弾圧装置の一環という性格が強い。

「自由」とか「民主」、「福祉」などの理想で国の団結をもたらす西側国家とは基本が異なる。異星人のような国だ。

中国はとくに半世紀をかけて海軍力を著しく充実させた。沿岸警備隊のレベルから七つの海を遊弋《ゆうよく》する大海軍国を目標に、向こう十年以内に空母二隻体制を構築すると、軍高官らは高らかに豪語している。

空母は何処へでも移動する空軍基地だ。世界のいたるところへ中国海軍が進出し、米空母を駆逐する悪夢が実現するのは十年から十数年後という目標設定である。

米軍太平洋艦隊司令官は、中国海軍幹部との会合で「いずれハワイを東西にわけて太平洋を分割しよう」と言われたと証言した。中国は本気で米国と軍事的覇権を競うつもりなのだ。

すでに現在の中国海軍の実力に瞠目するべきである。

ソマリア海域に駆逐艦など六隻が派遣されたが、じつに百二十四日間にわたって何処にも寄港せずに中国商船の護衛の任に当たった。日本の自衛隊もさすがに驚く。十日に一遍はアデンかどこかの港へ寄港し乗組員を陸に揚げる自衛隊としては「最長でも一カ月が連続無寄港の限界だ」と海上自衛隊高官が匿名を条件に筆者に語る。

ともかく歴史的転換期がやってきたと中国は認識を変えてすっかり自信をつけたのだ。

米国は七つの海を支配した英国のあとを継いで、ミッドウェイ海戦の勝利以後は大西洋も太平洋も支配してきた。この体制に堂々の挑戦状を北京からたたきつけられた格好の米国だが、反発力が弱い。ワシントンはひたすら中国のカネに目がいっている。状況は激変している。

二〇〇九年四月初旬のロンドン。G20サミットのロビーで世界の関心が集まったのは、中国の軍事力拡大への非難は一切なく、次の「通貨戦略」だった。軍事力の覇権と並行して、中国は通貨の覇権も目論んでいる事実が露呈された。

周小川・中国人民銀行総裁は「IMFのドル基軸は不公平だ。SDRを通貨に」と主張してＩＭＦの主導権をいきなり狙い、米国はたいそう狼狽した。サミットでは議論が見送られたが、水面下で中国の動きが続いていた。

欧米が油断していた隙を突いて中国はアンゴラに20億ドルのクレジットを供与し、コンゴには90億ドル、これらはＩＭＦをガタガタに揺らした。なぜならＩＭＦの開発途上国支援はいつのまにか、前の買付金の延長でしかなく、利払いを終えると〝真水〟はほとんどない。

これまでＩＭＦの舞台で中国の活躍の余地はなかった。ＩＭＦ原資の17％が米国であり、しかし重要な決定は85％の賛成が必要。つまりＩＭＦは永久に米国主導が固定されているからで、中国が目をつけたのはこの米国優位というポイントだった。それは「不公平」と虚を突いたのだ。

ＳＤＲの現況を見ると〝通貨バスケット〟の中身は米ドル44％、ユーロ34％、ポンド11％、日本円11％となっている。

中国は単純に米ドルだけのリスクを背負うより、このバスケット制度に目をつけた。米ドルが急激に減価しても、通貨バスケットでバランスをとるＳＤＲならば、よりリスクを軽減できる。さらに中国はＩＭＦ改革でＮＡＢ（New Arrangement to Borrow）の提言をした。つまり米国主導によらず新しい貸し付け制度をつくれと主張しているに等しく、ゼーリック世銀総裁もガイトナー財務長官も真っ青になる。

中国の長期的な通貨戦略はそれが達成できるかどうかは別として、軍事的野心とともに、米国に並ぶ経済覇権の確立なのである。そのヘゲモニーを国民の前に示し、「どうだ、中華思想ってこれほど凄いんだ」と宣伝し、求心力のメカニズムをさらに効率よく機能させたいという動機もある。

そのためには人民元を世界中どこでも通用するハードカレンシーとして、もっと高級化する野心を堂々と開陳したことになる。

中国通貨がやがて日本円を駆逐し、アジア一帯で通用する「新人民元」としてかつての宋銭、明銭のような経済覇権を確立するのが長期戦略である。

冒頭に述べたように半世紀前まで誰も中国の軍事的躍進を予想しなかった。それが米中対決時代から「G2」などと米国が言い出すまでに状況は変わった。あまりにも急速な米国の衰退が主因である。

二〇〇九年六月四日、マレーシア首相のナジブ・ラザクは北京で言い放った。「中国とマレーシアは二国間貿易での決済を人民元とマレーシア通貨で行うことを熟慮している」。ラザクはマレーシア財務相も兼ねる。

「ドルは減価する一方であり、赤字を埋め合わせるために米国財務省は輪転機を回しているだけだ。世界通貨としてのドルを代替するためにもドルとリンクした通貨体制にいつまでも身を置くより率先して中国とマレーシアの二国間貿易には、お互いに当該通貨で決済すればいい」。

この発言はラザク首相が温家宝首相と会談後に行われた。そのわずか二日前にガイトナー財務長官が北京を訪問した。北京大学で「ドルは安全、米国債は投資対象として安全だ」と講演したところ、会場から失笑が漏れたほどだった。

こうして海軍力の突出と通貨覇権を主唱することによって中国は国民に「愛国」を培養し、団結を求めるわけだ。


ところが中国の思惑に添って事態が動き出した。

まさかと思われるほどにスピーディである。二〇〇九年七月一日、ＩＭＦ理事会は設立以来六〇年で初めてとなるＩＭＦ債券をＳＤＲ建てで発行することを正式決定した。従来、日米英ならびにＥＵ加盟国からの融資に依存した資金調達手段の多様化が走りだす。

この舞台裏では英米の妥協がある。

第一にＩＭＦと中国との先鋭的対立が急速に和解した。

「ウォールストリート・ジャーナル」の中国語版（華爾街新聞、7月2日）に拠れば、かねて対立していた両者の関係はＩＭＦ側が折れて、中国の四月の経済成長率を６・５％から７・５％に嵩上げしたことで突如の和解となった。

第二に二〇〇九年六月、ロシアのエカテリンブルクにおけるＢＲＩＣｓ会議の合意をふまえ、中国、ブラジル、ロシア、インドが合計７００億ドル（約六兆七〇〇〇億円）分を購入する方針が示されてIMF理事会を揺さぶっていた。

第三にＩＭＦの英米主導が終わる流れの始まりを英米が認めた。ＩＭＦの主導権の一部をＢＲＩＣｓ諸国にも明け渡した歴史的ターニングポイントとして記憶するべきかも知れない。

新規ＳＤＲ債券は最長で五年。加盟国と中央銀行の間で売買が認められ、将来は債券マーケットの流動性も生じる可能性がある。

中国、ロシア、ブラジル、インドのＢＲＩＣｓ四カ国が国際準備通貨としてのＳＤＲに着目し、ＳＤＲ債発行に合意したのは中国の主導、ロシアの追認が大きく、ドル基軸通貨というＩＭＦ体制の根本を揺らす目的がある。

人民元のハードカレンシー化への動きは、これから加速するだろう。

米国ドルが「美金」と言われた時代の終わり

中国語では「美国」というのはアメリカを指す。

これまで中国では米ドルを「美金《メイジン》」と呼び、誰もが憧れた。

美国への憧れも籠められ、米ドルは輝いていた。その時代に黄昏がやってきた。たとえば日本の観光客が北京の土産屋で買い物をしてクレジットカードで支払う。これまでは大歓迎だった。いまでも一流ホテル、レストラン、盛り場のデパートでは使えるが、昨今、一部の店舗で外国のクレジットカード支払いが拒否され始めた。

クレジットカードの決済システムでは終局的にニューヨークの銀行でドル決済となり、いざ最終決済のときにドルの価値が目減りしている恐れがあるからだという。そんな表面的理由より、そうやってドルが国内に貯まることを中国は避けたいとの理由が大きい。

一九七一年のニクソン・ショックはドルと金兌換を停止させたが、当時、中国の外貨準備高は1億6700万ドルしかなかった（こんにちのそれは2兆ドル）。じつに一万二〇〇〇倍もの外貨準備高の増加！

一九七〇年代後半、鄧小平は共産党幹部を集めた会議で「外貨準備を100億ドルにしよう」と訴え、座がしらけた。そんな目標は達成可能とは思われなかった。

一九八六年、ニューヨーク証券取引所のジョン・フェラン会長が北京を訪問し、鄧小平と面会した。この時、通訳をつとめたビクター・ジカイ・ガオによれば「あなた方は豊かな富を誇る資本主義だが、中国は依然として貧しいうえ富の蓄積がない。あなた方はファイナンスと資本市場のノウハウを知っている。中国の市場を育成するために手助けが必要である。中国もやがては証券市場を開設したい」と言った。上海と深圳の証券市場は一九九一年に開設された。

その後の経過は周知の通り。

大不況とウォール街の暴落を予告して、いま世界的有名人となったニューヨーク大のノリエル・ルービニ教授（イラン系ユダヤ人）が言う。

「現在、ドル基軸体制は大きな挑戦を受けている。それはおそらく中国の人民元が、十年以上はかかるだろうが、ドルを超越した基軸通貨になりおおせる可能性を持つ。英国ポンド、日本円、スイスフランは今後も地域的なカレンシーとして残るが、世界の基軸通貨にはならないだろう。たとえ現在の中国の通貨が世界的に交換性がなくとも、あるいは金融機関が西側のレベルとはほど遠いところにあるとはいえども、米国の金融機関の再建と信用の再構築がなされない限り、人民元の挑戦は早まる」（「ヘラルド・トリビューン」09年5月14日付け）。

かくて風向きが変わった。

いまから半世紀後に、中国が世界に通用する新通貨を確立し、米ドルに代替できる世界の基軸通貨の位置を占めるという目標に向かって驀進を開始した。

他方、中華ナショナリズムによる外国企業の排斥も顕著である。

ＤＨＬ、フェデラル・エクスプレス、ＵＳパーセルなど米国の「宅配便」「特急便」

企業から中国に要請の出ていたのは、メール便への海外企業の進出である。

中国の現行法でも「郵便配達」は国家の独占事業とされ、速達、書類特急便なども「郵便局」が独占してきた。この条項を改正するか、しないかでWTOが謳う「自由競争」がうまれ、メール便に欧米企業の参入が可能になる。中国における速達サービス事業はますますの増大が期待されるが、中国郵政の独占が続きそうである。この郵便事業ひとつをみても唯我独尊、自己中心主義である。

武器輸出という切り札

矛盾するかのように「武器輸出は儲かる利権だ」とばかりに各国が争奪戦を演じている。

武器輸出ビジネスは中国の得意芸。紛争地への武器輸出は国連で禁止されている筈だが、そんなこと構ったことではない。中国最大の国有武器輸出企業は「南方集団」（CSIGC）で、第一四半期の武器輸出は57億ドル、前年同期比で8・4％の増大を示した。

詳しい武器体系の中身は分からないが、軍用車両や発電機などがあげられているという（ジェイムズタウン財団発行「チャイナ・ブリーフ」、09年5月27日号）。

中国南方集団は、じつは国務院直営企業で、一九九八年におよそ六四社の軍事産業と一三の武器開発研究所を統合するかたちで整理統合された。日本にあてはめれば、首相官邸が軍事産業企業を直営し、外国に首相が営業に出かけて大量の注文をとってくるという政治・軍事一体ビジネス。あからさまに中国的な会社だ。

国営企業とはいえ、ＣＳＩＧＣそのものは11・6％の株式を保有し、残り50％は「北方集団」（ＮＯＲＩＮＣＯ）と「北方工業フィナンス」（ＮＯＲＦＩＣＯ）が持つ。

ジェイムズタウン財団報告に拠れば、アフリカ紛争地域への武器輸出が圧倒的に増大しており、中国は代わりに石油、ガス、レアメタルを輸入する。たとえばケニアとは漁業権を交換し、ザンビアには武器と引き替えに銅鉱山開発権を与えた。日本が逆立ちしても真似ができないことを中国は外交戦略の手段として効果的に展開している。

中国は革命から六〇年かけて核戦力を整備し米国、ロシアに伍し、改革開放と同時に軍の近代化に着手してミサイルや宇宙兵器を整備し、さらに過去二十二年連続の国防費二桁増強により嘗ての大英帝国に近づけるほどの海軍力を増大させた。

いまや中国海軍の陣容は五隻の原子力潜水艦、二二隻の通常型潜水艦に一〇隻の駆逐艦、六隻のフリゲート艦。なかでもＳＬＢＭ搭載の駆逐艦四隻は最新鋭。これにくわえて空母二隻を建造する方針で、鄭和六〇〇年記念に国際海洋へ進出を果たして以来、いまではソマリア沖へ六隻の軍艦を派遣して国際舞台に偉容を示威するまでに成長した。

こうした中国軍突出の背景にあるのは米中関係の変化である。

直に影響を受ける台湾に対して、ワシントンはむしろ台湾に圧力をかけて「独立を言うな」「問題を起こすな」として、李登輝、陳水扁の独立傾斜を露骨に牽制し、その動きに便乗した国民党は陳水扁の八年間、議会多数派であったため米国からの武器購入を断り続けた。

二〇〇七年、ようやく台湾は90億ドルの大金を支払って、パトリオット・ミサイルと対潜水艦哨戒機P３Cオライオンを購入することとなった。しかしながら台湾の切望した最新鋭潜水艦とジェット戦闘機改良型は供与されずじまいとなった。

このため装備の近代化を達成しつつある中国に対抗して、台湾軍は装備の近代化、兵力の効率化とプロ化、無駄な兵力の削減ならびに先制防御システムへの切り替えを、新しい方針とする。

このような長期戦略のもとで、着々と年月かけてなされた戦略の実現を目撃してきたわけだから、経済方面においても中国が長期戦略を用い、金本位制による人民元（華元）が、いずれ米ドルと覇を競う状況を現出させようとする野心もまた本物であり、軍事戦略と並行させ、これからは中国の世界経済戦略の分析に大いなる関心と注意をむけるべきだろう。

海外へ突出を繰り返す放心力とリスク

英紙「フィナンシャル・タイムズ」（09年6月4日付け）は英豪の資源大手「リオ・ティント」（以下「リオ」と省略）と中国アルミ（英文名＝ＣＨＩＮＡＬＣＯ、中国名＝中国鋁業）との提携が破談になる見通しを速報し、世界的ニュースとなった。

中国アルミは合計１９５億ドルもの巨費を投じてリオの転換社債を得ると同時に鉱山の買い取りに動いたが、豪州に資源ナショナリズムが沸騰したためリオ側の株主が明確に反対してきた。親中派のラッド豪政権もナショナリズムと対中外交の挫折との板挟みになっていた。

破談によりリオ側は買収予定額の百分の一、１億９５００万ドルの違約金を中国アルミに支払うことになる。要するに資源の寡占を目論む中国の長期戦略を西側資源供給側が国益に反すると断固拒否し、それならばとリオは最強のライバルだった英大手「ＢＨＰビリトン社」（以下「ＢＨＰ」と省略）と統合という意想外の結果となった。

これは事実上のＢＨＰによるリオ買収で、この両者がひとつになり、「これにもし、ブラジルの鉄鉱大手ベーレ社の分を加えると、三社だけで世界鉄鉱石の70％を寡占することになる」（業界筋）。

リオは年間二億トンの鉄鉱石を採掘し、ＢＨＰは一億三〇〇〇万トン、そしてリオの持つ、ピルバラ鉱山だけでも１１５０億ドルに相当する埋蔵が確認されている。西側の常識から言えば、この寡占は「独占禁止法」に抵触する。

国際報道を国別に比較一覧しよう。

本場オーストラリアを代表する「ザ・オーストラリアン」（6月6日付け）は「リオの取引は失敗したが、中国を追いやるつもりはない」。同じく「シドニー・モーニング・ヘラルド」は「リオとＢＨＰ統合に中国アルミは冷淡」。いずれも、この破談で豪中貿易関係を冷却させたくない心理が露骨に表れている。

オーストラリアにとっても、昨今は貿易相手国第一位は日米を抜いて、中国である。

だから同紙はむしろ豪国内の反応より、中国における反発の強さを中国特派員に取材させ、なんだか中国のご機嫌をとるかのような神経質な紙面作りをしている。あの白豪主義のオーストラリアでさえ、中国のカネのまえに卑屈なのである。

統合側ＢＨＰの本社があるロンドンの反応はどうだったか。

英「タイムズ」は「リオとＢＨＰ統合で１５０億ドルの適切な債権を発行」と極めて事務的なタイトルを掲げた。「インデペンデント」は「十一時間のタフな交渉が決裂」として、「豪中鉱山同盟の代替を模索」とリオとBHPの経営統合を分析した。「フィナンシャル・タイムズ」は「リオが中国アルミとの取引断念」としたあと「ラッド豪首相は交渉崩壊後の中国の説得に動く」と政権の苦しい立場を代弁したような記事を配信した。

冷静に見ている筈の米国メディアは、それではこの巨大なビジネス事件を如何に報道しただろうか。

「鉱山大手、中国との提携を廃棄（スクラップ）」としたのは「ニューヨークタイムズ」（6月5日付け）。また「ウォールストリート・ジャーナル」（同日）は「中国資源企業の要請は障壁に直面」とした。

「インターナショナル・ヘラルド・トリビューン」（6月7日付け）は「市場の強気はリオと中国アルミの提携に終止符を打たせた」という現場からのレポートをふまえた分析をした。

「リオが中国のカネをアテにせざるを得なくなったのは二〇〇七年カナダのアルキャン買収でつくった390億ドルの借金の有利子のためである。また中国側の動機は鉄鉱石の供給源を分散し、将来の価格高騰をヘッジするという世界分散投資戦略の表れでもあり、ラッド豪政権は前向きだった。しかし、天安門の虐殺イメージが強い中国へ人権批判を反対派が展開したことにより、中国への売却案はつぶされた」。

こうなると中国に敵対する国々の論調も見たくなる。

インドの老舗英字紙「タイムズ・オブ・インディア」（6月6日付け）が、きわめて冷静を装って英国メディアの姿勢と軌を一にして、こう書いた。「リオは結局、BHPとのタイ・アップを選んだ」。

インドは新日鉄よりも巨大な鉄鉱企業ミタル社を抱えており、鉄鉱原石の動向には大いなる関心があるうえ、リオを事実上買収することになるBHPは旧宗主国イギリスの会社であり、インドとも深い関係になる。

台湾はどうか。野党・民進党系の「自由時報」（英語版は「タイペイ・タイムズ」）の6月6日付け表題は「ニューヨークタイムズ」と似ていて、「世界的鉱山大手のリオ、中国アルミとの提携を廃棄」。それが嬉しいのか悲しいのか紙面には浮き上がってこない。

「ウォールストリート・ジャーナル」の中国語版はこう報じた。

「力拓毀約」（リオの中国語名は「力拓」）。つまり、「リオは約束を毀損して誰が最終的に得をするか」（6月6日付け）と批判の固まりをぶつけている。不思議に思って同日の米国版（英語版）を確かめると、そういうニュアンスはないけれども、「アングロ・アメリカン鉱山業界は現金を必要としており、少ない胴元候補の中国のカネをアテにした。しかし六月初旬以後、商品市況が原油一バーレル＝70ドル、金一オンス

＝一〇〇〇ドルという高騰局面が再現されたため、またまた状況が変わった」と投資家から見た分析が展開されていた。

　そしてほとぼりが冷めかけた七月初旬に中国は北京に価格交渉で来ていたリオ・ティント社の社員四人を「スパイ容疑」で逮捕し、身柄を拘束するという報復にでた。

ガスの宝庫、トルクメニスタンへも30億ドルを貸与

　アシガバート政府（トルクメニスタン）は中国から30億ドルの融資を受けると公式に発表した。

「トルクメニスタンとアフガニスタンとの国境近くにヨロタン鉱区（天然ガスが噴き出している）では六兆立方キロメートルのガス埋蔵が確認されている。『向こう百年間、毎年五〇〇億立方キロのガスを供給できる』とベルディムハメドフ大統領は胸を張っている」（「ワシントンポスト」09年6月6日付け）。

　トルクメニスタンという謎の国は、いまも鎖国中だが、独裁者ニヤゾフ前大統領の怪死以後、すこし風向きが変わった。

　第一にカスピ海沿岸のガス鉱区からはロシアだけにしか流通ルートがなく、従ってトルクメニスタンは長らくロシアの「家来」だった。ガスの値決めも、一方的にロシ

アが通告するだけだった。

第二はトルコのジェイハン港へ西側がパイプラインを通したため、カスピ海の対岸アゼルバイジャンまで海底パイプラインを敷設すれば、ジェイハン・ルートに合流が可能で、待望の西側へ出せるという強い衝動が拡がっていた。現在カスピ海の別の鉱区開発をマレーシアのメジャー「ペトロナス」などが行っている。

第三にイランへの供給が始まり、距離的には一番近く、ロシアからの強い桎梏から逃れられる。イランはイランで、南へ向かうパイプラインを隣のパキスタンへ繋ぐＩＰルート（イランとパキスタンの頭文字をとって「ＩＰルート」という）にも動き出した。

これも背景には中国がある。

パキスタンのグワダール港からパキスタンにパイプラインを敷設してカラコルムを通過させ、新疆ウイグル自治区まで繋ぐ。

そしてトルクメニスタンの懸案だった「ロシア以外」のルートが中国向けガス供給である。

トルクメニスタンからカザフスタンを通過して、延々と七〇〇〇キロのパイプラインは中国へ向かう。すでに運搬は開始されており、年間５００億立方キロのガスが中国へ輸出される。

放心力の象徴はマカオ

香港とは対照的にマカオは猛烈に中国から離れようとするエネルギーに溢れている。マカオは旧ポルトガル植民地。一九九九年に中国に返還されたが、爾後なにが一番変わったか。唯一の産業＝博打ビジネスが以前より繁盛し、本場ラスベガスから大手三社が殴り込み、そして大不況の到来とともに米系一社が倒産し、それでも二十四時間不夜城のマカオの博打場は盛業を極めていることだ。

マカオにはれっきとした独自通貨がある。旧植民地時代からのマカオ・パカタである。香港ドルとほぼ等価。ところが、マカオで、この独自通貨にお目にかかるのは稀で、殆どが人民元か、香港ドルで決済されている。ホテルは米ドル建てか、香港ドル建てだ。

二〇〇四年頃までは香港ドルが圧倒的に優位だった。人民元優位に転倒が起きたのは二〇〇五年以後で、いまではマカオ中のホテルでもレストランでも人民元の天下となった。香港もそうである。香港とマカオは〝人民元合衆国〟の一員と名付けてもいいだろう。

香港とマカオは「特別行政区」で、「一国両制度」のもと、五十年間は自治が保障されている。だから独自通貨を維持している。

独自の行政法（憲法らしきもの）があり、一応、言論の自由があり、独自のパスポート（あるいは居住証明）が発行され、世界中を旅行できる。EUの通貨がユーロで統一されたように、人民元という通貨が共通となって、香港とマカオは中国の「出島」のごとき存在となり、〝人民元合衆国〟の一員となったのである。

筆者が最初にマカオへ行ったのは三十七年前だった。香港からフェリーで三時間以上かかった。船酔い客が続出した。マカオの公式の博打場はフェリー乗り場に近いリスボア・ホテルしかなかった。このホテルはマカオ経済を牛耳ったスタンレー・ホーの経営である。筆者は麻雀もパチンコもやったことがないので、トランプ博打の遣り方を知らないが、このとき同行した弟が20ドルほどかけて50ドルほど勝った。

十五年ほど前にも行った。やはりまともなホテルと博打の施設はリスボア・ホテルしかなかった。

マカオは事実上、この最大財閥＝スタンレー・ホー一族の天下だった。マフィアが入り乱れ、麻薬、武器密輸、売春が盛んで、治安が悪く、もっぱら香港から日帰りだった。

返還後、行政法が改正され、外国の博打ビジネスの進出を緩和した。

一斉に博打ホテルが開業した。とくにラスベガスの大手三社、サンズ、MGM、ウィン・グループがやってきて、つぎつぎに豪華ホテルを開業し、そこに中国大陸からどっと、年間一二〇〇万人の博打打ちが、あたかも中山競馬場へ行くような気軽さで押しかけるようになる。フェリー乗り場と中国との国境ゲートからは各ホテルがそれぞれ無料バスを運行している。まるで昔の面影はない。

二年前にマカオへ行ったときに驚嘆したことが幾つかある。

第一はマカオの通貨が殆ど使えないこと。

第二は二十四時間不夜城のホテルではロシア美女のダンス、フィリピンからの楽団がショーをやっているが、本場ラスベガスのような娯楽性がない。ショッピング街が貧弱極まりない。家族で遊べない。

第三に付帯設備が貧弱なこと。エンタテイメントの風情に乏しい。そのうえ、レストランはまるで町の食堂である。優雅に時間を過ごし、贅沢な食事をワインを飲みながら楽しみ、あるいは瀟洒なショッピング・アーケードを冷やかし歩くという贅沢な空間のなかに味わうレクリエーションの発想がないのだ。

中国人はひたすらマネーゲームに熱中し、カネ、カネ、カネと念仏を唱え、ほかの楽しみがない。博打に勝てば美女を買うぐらい。マカオには決定的に〝遊び心〟が欠落している。

そして二〇〇九年六月一日、マカオの「夢の市街区」（ドリームタウン）が開業した。目玉はスタンレー一族（娘のパンジーが経営参加）とラスベガスの大手との合弁の新築ホテル「ハード・ロック・ホテル」。認可料金も莫大で、「夢の市街区」の建設費用21億ドルのうちの、じつに40％がライセンス料金としてマカオ行政府の懐に入った。

二〇〇四年にラスベガスのサンズ・ホテルが開業し、〇六年にラスベガスのウィン・グループがリゾートホテルを建て、ＭＧＭミラージュも店開きし、〇七年にベネチアン・ホテルも開業した。ラスベガスの御三家が揃っていた。繁栄はピークに達した。年々顧客が増え、売り上げはラスベガスを凌いだ。

ところがラスベガスの経営者らが首を傾げた。ラスベガスでは博打の胴元の稼ぎは、全体の売り上げの26％でしかなく、付帯設備からの売り上げが凄いのだが、マカオでは計算が狂った。

共産党幹部の出入りが激しくなったのも、ここで合法的な賄賂が受け取れるからである。業者の招待でマカオへ「出張」し、博打をする。業者が天文学的金額をかけて、故意に負ける。共産党幹部は合法的にべらぼうな賭け金を受け取る。領収書が発行される。合法の賄賂である。

二〇〇八年、リーマンブラザーズの倒産とウォール街の大不況が、マカオをも根底的に揺さぶった。三月にラスベガスの老舗「サンズ」が倒産した。

止めどなく拡大する中国の放心力

一九七九年にはイラン革命、米大使館人質事件、翌年は韓国で光州事件が起きた。同様に台湾でも美麗島事件が起き、米国の民主派は支援活動等に忙しかった。リベラル派はカーターを大統領に祭り上げていたが、結局、この政権の弱腰外交は世界の笑いものになり、人道主義は暴力の前に無力であり、同時にイランは世界を敵にした。一九八〇年十一月、カーター大統領は選挙で無惨に敗れた。リベラル派の敗北だった。

韓国での光州事件の影は複雑な影響を軍事政権に与えつづけた。米国の強い圧力に妥協を繰り返す裡で韓国には左翼政権が生まれた。盧泰愚政権は反米が売り物だった。韓国マスコミは左傾化し、反米はうっとうしいほどのスローガンとなり、保守の多くは米国へ逃げた。韓国の〝民主主義〟なるシロモノは建前だけ、米国へのジェスチャーでしかないのではと思えるほどに訝しい。民主主義は言論の自由を尊ぶ。しかし『醜い韓国人』の著者を虐め、編集に協力した加瀬英明氏を入国拒否し、あげくには近年、日本に帰化した呉善花女史の入国さえ拒否した。この例をあげるだけでも韓国韓国に民主主義らしきものの存在は根底的疑問が浮かぶ。

他方、台湾の民主化に側面から圧力をかけたのは米国だった。この点でソラーズやケネディら、リベラル派の議員らが大車輪の活躍だった。国民党のロビーストは米国政界で旗色悪く、ついに蒋経国は後継に本省人の李登輝指名に動かざるを得なかった。

李登輝は勇気をふるって民主化に邁進し、後に国民党の評論家からも「一千日の改革」と呼ばれた諸制度改革を断行した。李登輝は巧みに国民党守旧派を分断させつつ、無用の終身議員制度を廃止し、「台湾省」という二重構造を撤廃し、完全な民主選挙を台湾に実現し、米国から賞賛を受けた。

台湾には言論の自由が存在し、大手マスコミが中国資本に傾く中でも「自由時報」などが健在である。台湾独立の主張は、少数派でしかないとはいえ、ともかく堂々と行える。

イランはロシアと同様に原油高騰が経済を潤わせたが、その富をインフラの建設に回さず、いたずらに教条主義の支持層を拡げるための〝ばらまき福祉〟に使った。

アハマディネジャド政権は現実に目を向けないで、ファナティックな主張を繰り返し、自派の扶植だけに政治エネルギーを費やした。その結果、大学は女性が大半になり、その女子学生らはベールの下にジーンズを着用し、友人とはポップス音楽にひたり、酒を回し飲みし、教条主義セクトの政治支配を呪った。

二〇〇九年六月の大統領選挙は実際にはアハマディネジャドの惨敗だった様相である。

イラン革命を防衛する、というナチスSSを類推させる「革命防衛隊」と「宗教秘密警察」という暴力装置で、民主主義の芽を摘むという悪政をイランは継続してきた。

イランの民主主義は政教分離がなされず、行政上トップの大統領とて、最高指導者の操り人形でしかなく、かといって中国共産党のように強い党が存在せず、その政治システムの貧困は、経済的に貧しいトルコが近代化を達成し、ともかくトルコが成熟させつつある民主主義に比べると甚だしく異質であり、ペルシアの伝統と比較しても歪んでいる。

織田信長の功績は政教分離を実現したことだった。そのために宗教セクトを暴力で押しつぶした。イランは反対に狂信的セクトが政治を殴殺した。

さて中国は、いかにしてこのアンビバレンツを克服したか。

天安門事件で学生を虐殺し、独裁政権を維持させることは鄧小平の最後の賭けだった。独裁開発を行わねば富は得られないと知っていた。〃先富〃を唱えれば、欣喜雀躍と活性化するという中国人の体質を知っていたのだ。

趙紫陽は民主化の漸進を主唱した。しかし彼を支持する強固な政治セクトは組織されておらず、つまり政治的力量不足によって趙紫陽に代弁させる知識人は中国に存在できなくなった。中国人にとって外国で「自由、民主、法治、人権」をさけぶ人々がいても、それらは〝犬の遠吠え〟としか認識されない。

天安門の再評価を回避するために中国は反日教育を徹底させ、事件を和平演変、西側の陰謀という改竄史観で徹底させた、異様な教育を施した。事件から二十年後に中国の多くの若者は事件の存在も意義も知らず、繁栄のなかで中華の偉大さをナショナリズムに転嫁してきた権力の宣伝に乗っている。五輪やサッカーで五星紅旗に酔う。だからイランの原始的な支配に比べると中国の政治は独裁のテクニックが洗練されており、叡智というより悪智恵の結晶体である。その強さは、しかし同時に弱さを胚胎している。

求心力を強めに強めた中国は一党支配を長期にわたって確立しえた。だが、軍を国軍化できないままに肥大化させ、暴走する軍が党の支配を脅かす不気味な存在と化しつつある。他方では中国の国有企業が海外資産を買収しつづけたが、同時に資産の海外隠匿、海外への分散移住が行われている。独裁から逃げているのだ。

経済繁栄と拝金主義が求心力のバネであるとすれば、富からオチこぼれた庶民、繁栄にありつけず貧困にあえぐ人々が、伝統的怨念を募らせて、反作用へのパワーをもたげる。

放心力がこれから止めどなく拡大していくだろう。実際問題として中国の巨大な富は世界中へ分散し始めているではないか。

二〇一一年一月からチュニジア、エジプトに政変が起こりバーレーン、リビアに飛び火して、イエーメンもサウジアラビアも大混乱に陥没した折、中国の周章狼狽ぶりはひどいものだった。

ジャスミン革命、ムバラク退陣、中東民主化の嵐が中南海を震撼させたのだ。欧米マスコミは「次は中国？」とあおり、北京はかつてない異様な警戒態勢を敷いた。

胡錦濤主席は同年二月十九日に党学校で演説した。ムバラク体制崩壊から八日目。省長レベル、部長級（閣僚）をあつめた秘密会で、胡主席は社会秩序の安定を目指し、共産党の輝かしい歴史を述べた後、次の三点を強調した。

第一にネット上の情報をもっと統制せよ

第二にヴァーチャル社会に厳格な規制を導入せよ

第三に世論を、より「健全な」方向へ誘導せよ

しかし、翌二十日、中国主要十三都市で「ジャスミン革命」「中国民主化」を呼びかける若者らの集会が開催された。前日までに中国は警戒を強め、軍と警察に異様な警戒態勢を敷かせた。08憲章に署名した民主活動家多数を拘束していたにもかかわらず。

二月十二日。ムバラク政権崩壊の翌日、政治局の秘密会合が北京で開催され、中東問題に如何に対応するかが討議された。この会合が開催されたという秘密はある政治局メンバーによって華字紙「博訊新聞網」（在米華僑らが経営、反共産党色の強いメディア）にもたらされた。

二月十八日、二回目の政治局秘密会が開催され、以下のことが決められた。

中国の中東外交に調節が必要であり、軍と警察に厳重な警戒システム入りを命じた。同時に中央宣伝部に対して「すべてのジャスミン革命、ムバラク退陣」などの語彙を見張り、ネットのみならず印刷媒体の議論をことごとくモニターの上、あらゆるブログにはフィルターをかけよ。中東の激変に関しては、新華社の報道以外、一切、独自の取材や報道を認めない旨を中央宣伝部を通じて徹底させよ。

そして「今回の事態の背後に米国の陰謀がある」と報道、分析をさせよ。

これら重要秘密情報を報道していた「博訊新聞網」はハッカーに襲撃され、一時的閉鎖に追い込まれた。

第四章　内憂外患の政治力学

第六世代は指導力不足

二〇一二年の第十八回中国共産党大会で習近平（国家副主席）と李克強（副首相）が、それぞれ国家主席、首相になる可能性が強い。現在の胡—温体制はたぶん「習—李」体制に移行するだろう。

もっとも昔から両雄並び立たずとはよく言ったもので、習近平と李克強の仲の悪さは有名。ふたりは事ある毎に対立し、北京五輪では席を同じくしたが、お互いに横を向いたままだった。

現代中国の政治は「保八」と「保穏」の二つに集約される。

すなわちGDP8％成長の死守と「安定化社会」（小康）、これに執権党の改革と強化、つまりリーダーシップの確立である。

問題は「次の次」の世代である。現在の第四世代は党官僚エリート出身、次の第五世代「習—李」は太子党と青年団との連立になる。青年団とは共産主義青年団。いわゆる「団派《トアンパイ》」。

胡錦濤は団派のボスでもあり、共産主義イデオロギーを学習してチベットへ赴任し、党の目的のためにはチベット人を弾圧した。それで鄧小平に見いだされた。だから団派重視である。

「団派」メンタリティはと言えば、党幹部の子弟という理由だけで利権がからみ、特権階級の維持が目的の「太子党」を嫌う。思想を放擲し共産主義思想など軽視したビジネス志向の「上海派」とも肌が合わない。となると、現在の中国の胡政権とは、共産主義青年団人脈（団派）と上海派＋太子党の連立政権ということになるだろう。

胡錦濤は党総書記、国家主席、党軍事委員会主席という最高ポストを三つも握りながらもなお、その権力基盤はまだ弱く、上海派に妨害されて軍を掌握しきれない。このため新しい人事は時間をかけて徐々に徐々に第六世代のリーダーに団派出身を充てるのだ。もちろん太子党と上海派の凄まじい妨害がある。

こういうときに腐敗・汚職反対、党の自浄を求める長老連中やイデオロギー的純粋派とでもいうかたくなな保守連中と一緒になって「毛沢東、毛沢東」と叫びバランスをとるのだ。

第六世代で注目は周強（湖南省省長）と胡春華（河北省省長）である。

周強（49歳）は胡錦濤とおなじ経歴を重ね、団派の第一書記もつとめた。胡春華も北京大学時代から青年団書記、それからチベットへ赴任、二〇年間をチベットで過ごし、二〇〇八年に河北省長代行、二〇〇九年に省長。周と胡はともに河北省出身。

この列に第六世代の注目は努爾白克力《ヌルベクリ》・新疆ウイグル自治区副書記、孫政才（農林大臣)、陸昊(北京副市長、団派書記)らが後を追う。

また欧米留学からの帰国組(海亀派という)は三六万人ほどいるが、すでに一二名ほどが閣僚級レベルに抜擢されている。

胡錦濤は「二十一世紀の中国」のあり方として、科学技術の発展により競争力の強化、経済運営の効率化を重点目標としている。このため党官僚のマンネリ化を克服するには政治能力の高い者を抜擢し、親の七光(太子党)の無能力者を次第に排除してゆく方向にある。

華国鋒という中国主席がいた

華国鋒は毛沢東の庶子。一九二〇年代、湖南省で農民運動を展開していた毛沢東が「桃」という女性に産ませた。戸籍上は「蘇鋳」と名乗った。

革命成立後、華国鋒は湖南省書記に抜擢され、その後、同省公安部長を歴任後、中央政界へ。副首相、軍事委員会主席とトントン拍子に出世し、周恩来病没直後には首相代行をつとめた。毛沢東の子供ゆえにである。

歴史的役割は、毛沢東がいまわの際に華を呼んで「君がやってくれるのなら安心だ」と遺言した(と言われるが伝説に過ぎない)。華国鋒は直ちに軍をおさえていた葉剣英、党をおさえていた李先念と謀り、四人組を逮捕した。

一九七六年、華政権が成立した。

だが華国鋒には「これ」という特色がなかった。ヴィジョン欠落、戦略性が希薄な人物だからであろう。まじめな性格らしく謀略に疎く、やがて鄧小平に巧妙に利用されて「使い捨て」られた。

華は共産党幹部を痛烈に批判することで有名で、「中国共産党の正当な担い手は農民と労働者ではないか」と言い続けた。

「権力を掌握した後、いったい中国共産党は何をしたのか。腐敗、利権、人民への圧政、司法の独断運用、人権無視、権力の乱用ぶりを目撃していると、かつての国民党と同じであり、現在の国民党のほうはもっと進歩しているのではないのか」。

二〇〇一年に華国鋒は中国共産党を脱党したと伝えられたが、二〇〇七年の第十七回党大会に人民服で出席し、白髪が注目された。雛壇中央最後列の右端に座ったのが印象的だった。

華国鋒は次の発言をしたという。

「いまの共産党は腐れ切っている。利権をむさぼるだけの政党に成り下がった」

そして「改革もできない胡錦濤よ、権力を手放して党から去れと書簡を送った」（博訊新聞網、08年8月17日付け）。

次期主席に最有力の習近平は国家副主席に就任してから最初の外国訪問を北朝鮮にした。

平壌訪問は儀礼的だが、「共産主義ですよ！　私は！」と内外に見せつけるためである。中国共産党のヒエラルキーで、実質第六位（政治局常務委員、序列六位）とはいえ、次期後継と言われれば言われるほど、中国で危ないポジションはないからだ。

毛沢東は次期後継を自ら指名しておきながら次々と失脚させた。

劉少奇は河南省開封の病院で凄惨なリンチのあと息を引き取った。林彪はなぞの「航空機事故」で死亡。周恩来は茶坊主に徹したが、最後は癌とわかっても満足な治療を受けられないように毛沢東は命じていた（ユン・チアン／ジョン・ハリデイ『マオ』）。

不死身のカムバックを果たした鄧小平は、次期後継の胡耀邦を失脚させ、つぎに趙紫陽に天安門事件の責任を取らせて失脚させ、さらに楊尚昆兄弟を引退に追い込み、傀儡江沢民を後継に指名したが、江沢民に絶対にキングメーカーのポストを与えず〝次の次〟は胡錦濤だと言い残して逝った。

二〇〇八年八月、華国鋒が死去した。八十七歳だった。

これで平等な社会主義実現をうたった共産党のなかに、まっとうな共産主義者は居なくなり、中国共産党主流派はキャピタリスト的商売人と利権取り次ぎ業者ばかり。

非主流派に毛沢東礼賛を標榜して予算獲得にはしる守旧派やポストを死守するだけの「大分県教育委員会的」なムラ社会があるだけである。

華国鋒死去のニュースを聞いたとき、筆者はある中国人精神科医が語った衝撃的な談話を思い出していた。

一九八六年に『中国の悲劇』（山手書房、のちに天山文庫）という拙著を上梓したが、そのなかに一章を割いて中国から亡命してきた精神科医のインタビューを掲載した。その医師の名は張文和（北京医学院精神衛生研究所副主任から一九八一年に学者交換プログラムで渡米、研修後、台湾へ亡命）、当時の中国の精神医学で最高権威の一人とされた。私は二日間に亘ってこの精神科医にインタビューを続けた。

要点は（1）中国はそのものが巨大な精神病棟である。（2）政治犯の多くはロシアのように精神病棟に送るのではなく労働改造所へ送り込み、重労働に耐えられない知識人らはそこで死期を早めるという遣り方をとる。ロシアと比べて中国の方がはるかに残酷だ。（3）中国には精神科医がすくなく、多くの精神病棟というのは隔離だけが目的である。（4）共産党幹部が入院した場合は「別格」で「外人賓客」病棟に収容される（文革中、外人が居なかったのに「外人賓客」と標榜したのも不思議だが）。

張医師は、このおりに華国鋒が自殺を図ったという内部情報を知った。自殺を図るのは精神病理学的に言えば精神のどこかを間違いなく病んでいるからだ。しかし同医師は華国鋒が入院したという話は聞かなかったと言った。

長く失脚したと信じられた華国鋒が七年前の第十六回党大会にふらりと会議場に現れ、一言も発言はなかったが国家の幹部として最高の扱いを受けていたことが分かった。

博訊新聞網などによれば最晩年は揮毫を求められると雄渾な書をものしたといい、また毎朝、毛沢東の写真に三度、深くお辞儀をするのが日課だったそうな。

文革時代に少年たちの誰もが持って街頭で手にかざした『毛沢東語録』。一九八〇年代には古本屋で二束三文だったが、数年前から骨董品的価値がでて、昨年あたりまで一冊一〇〇〇円もの値がついたこともある。

毛沢東を神とあがめる風潮があった。

九年前に一度、湖南省の長沙から中国人の遊覧ツアーバスに紛れ込んで毛沢東の生家跡地に出かけたことがある。宿泊した長沙のホテルで申し込むと朝七時半ごろに迎えが来て、各ホテルを巡回し集客、車内では毛沢東時代の映像を流しながら二時間半かけて先に劉少奇記念館へ到着した。劉少奇と毛沢東の生まれ故郷は偶然にも隣村だった。

客は中国人ばかり、筆者が日本人と分かると、「遠いところからようこそ」と車内の反日映画を見たあとに歓迎されて面食らった。

中山陵に似た広い坂道を上がると劉少奇の銅像公園、そこから二〇〇メートルほど奥が、劉少奇記念館となっていて劉少奇の伝記や写真集を売っている。さらに坂道を下り、池を左手に眺めながら生家跡へたどり着く。

豪農のせがれだった劉少奇家の、往時の豪勢な羽振りが偲ばれる。また付近の人たちの敬慕と尊敬を集めている事実も浮き上がる。劉少奇の名誉回復は一九八〇年だった。

毛沢東生家は、そこから四十分ほど、さらに田舎の村。やはり豪農の息子だったことが家の構えで分かる。ヤギの部屋まである。毛沢東家の前庭は蓮池だ。無神論者にはふさわしくないがご先祖の設計だろう。

二〇〇八年五月、毛沢東生家跡を六年ぶりに再訪してみて驚いた。連休という要素も手伝ったが、中国全土から「観光客」が押し寄せ、ディズニーランドなみの行列なのである。

しかも高速道路が新しく開通しており、長沙からわずか一時間。周りにはレストランと土産屋だらけ。毛沢東のお守り、風鈴などが飛ぶように売れるが、さて伝記やCDとなると誰も見向きもしない。要するに革命精神の継承を志して来ているのではなく物見遊山なのである。

毛沢東生家に蝟集するのは、ナンバープレートから判断しても全土から観光に来ているという事実が分かる。その列に大型観光バスが鈴なり、ガソリンスタンドも混雑していた。

中央の権力闘争の行方

二〇〇九年七月五日から起きた新疆ウイグル自治区ウルムチでの暴動は、犠牲者一九七名をだす流血の惨事となった。

このウイグル騒乱勃発のおり、胡錦濤はイタリアのG8サミットへ出かけていて不在だった。

このため処理の仕方では次期総書記に有力とされる習近平の「腕試し」にもなる。胡錦濤はチベット自治区書記の時代に徹底的に「暴乱を鎮圧した」功績によって鄧小平に認められた。習近平もウイグルの反乱を力で平定することで、いかに「安定を確保するか」の政治的力量が問われるわけだ。

中国共産党指導部には深刻な動揺が拡がり、対策チームが発足した。習近平を基軸に周永康（中央政治局常務委員）、王楽泉・ウイグル自治区書記（当時）、孟建柱・公安部長らが出席したという。

しかしウイグルの騒擾を「テロリストが扇動した」とした王楽泉・新疆ウイグル自治区党委員会書記（つまり新疆のボス）に対して、中央政治局常任委員は同意しなかった。かといってすぐに結論を出せず「胡主席の帰国をまって決定」という次第になった。民主活動家で中華連邦制を主唱する王軍濤は、「温家宝首相がひとりだけ暴力弾圧に反対したが、習近平は自らの考えを表明しなかった」と内部情報を語る。

王楽泉の評判はすこぶる悪く、過去十六年、反対派をテロリストと言い張って血の弾圧を強化し、一方では実弟ら山東省人脈を周囲に固めてビジネスを拡げ自治区の原油、ガス、レアメタル関連から軍の装備などの利権を掌握、あらゆる汚職のドンと言われた。

王楽泉が強い批判の的となったのは数万のウイグル娘を山東省の工場へ送り込み、低賃金で働かせた上に山東省の男性との結婚も強要斡旋したりした、少数民族への差別的扱いがあったからである。

ウイグル問題の処理に最終的には中央の権力闘争がからんだ。

「新疆覇王」こと王楽泉・党書記の腐敗ぶりを「団派」（胡錦濤主席の出身母体）が攻撃目標としてきた。

ところが胡錦濤の右腕・李克強（政治局員）は手勢の後輩政治家たち数名の汚職スキャンダルを賀国強に握られ、胡錦濤が不在中に賀ら上海派は習近平ら太子党と組んで、李を追い詰める手はずが組まれていた（博訊新聞網、7月9日）。賀国強（政治局ナンバー9、規律・公安の元締め）が準備した腐敗高官リストを「月刊多維」（09年7月12日号）が報じている。

胡錦濤のイタリアG8出席の不在を狙って、団派の失脚を狙っていたとされる。李克強と結びつく人脈が目立つため、李克強への狙い撃ちではないか、とされた。「月刊多維」に拠れば、取り調べを受けて身柄が拘束されたと推定されたのは甘粛省書記の陸浩、遼寧省省長の陳政高、河南省副省長の李克、杭州市書記の王国平、福建省副省長の陳昌平、中国民航総局長の揚元元らである。

とくに陳政高は二〇〇七年に遼寧省書記から政治局へ大出世した李克強の後釜。一九八二年に共産主義青年団。王兆国、胡錦濤の後をついで大連市の共青団書記を歴任した。一九九三年に大連市副市長から代理市長。二〇〇五年に瀋陽市書記。この瀋陽時代に公安局長だった劉和と組んで、市内の開発利権をあさって不正蓄財に励んだという。本渓の銀行口座が押収されたという報道もある。

「汚職は文化」という中国で下っ端役人ならともかく、高官が取り調べを受けるのは稀なケースであり、政敵追放のためスケープゴートとなることが多い。

一九九〇年代初頭に陳希同（当時の北京書記）が失脚したときも、こんな大物が逮捕されるのはよほどのこととされ、香港財閥に北京の銀座（王府井）の土地使用を認めた賄賂事件がクローズアップされた。当時の北京副市長が自殺。そのボスであるという理由で腐敗不正が暴かれ、懲役十六年。しかし刑期があけたのに二〇一一年二月現在も内モンゴル自治区の刑務所で暮らしている。陳希同は古参幹部で、当時は現役政治局員だった。江沢民の政敵。先輩風ふかして江沢民に徹底的に対抗し、邪魔ばかりされた江沢民の、よほどの決断だった。

当時、江沢民の懐刀だった曾慶紅（政治局序列五位）が舞台裏ですべての筋書きを書いた。習近平は曾が自分の引退の代わりに政治局常務委員に引き込んだ。だから筆者は習近平を太子党でもあるが、上海派と重複する守旧派と断じた。

その後、二〇〇七年の上海書記の陳良宇の失脚事件まで現役の政治局員の失脚はなかった。

陳良宇の場合は悪徳デベロッパーと組んで上海開発の利権にからみ、とくに土地の収用と住民立ち退きに辣腕を振るい、デベロッパーから賄賂を取ったばかりか、上海市職員組合の保険基金のカネも流用し、不動産投資に充てていた。陳は江沢民の保護を受けており、失脚はあり得ないとされたが、江沢民もあまりの腐敗をかばいきれず逮捕、陳は遠く天津へ移送され懲役十六年。

だが上海という利権渦巻く場所でせっかく上海派の高官をひとり葬ったのに、次の上海市書記の役には江沢民に近い習近平が就任し、その習はいきなり政治局常務委員へ三段跳びの出世、国家副主席となる。つまり、この時点でさえ胡錦濤は幹部の人事権を持っていなかったことが分かる。

したがってウイグル暴動に機会便乗主義的に上海派が胡の懐刀とされる李克強傘下の高官らを、でっち上げであれ何であれ腐敗しているとして追い詰めることが重要なファクター、一気に政局を変えることができる。

江沢民に近い王楽泉のポストを守り、むしろ上海派にとっては〝厄介者〟の汪洋（広東省書記）もついでに失脚させようとしたわけである。

そのためにはスキャンダルをでっち上げて李克強の政治力を弱める。そして胡錦濤がイタリアのG8サミットに出かけた隙を突いて、留守番チーム（習近平、周永康ら）が団派の政治力をそぎ落とすという筋書きだった。公安筋を牛耳る周永康も上海派である。

上海派が張り巡らせた利権構造は上海メガロポリスから北京の中南海でも猖獗し、「正義」より「腐敗」を、「公正」より「不正」を、「弱きを助け強きをくじく」より「強きを助け弱きをくじく」のが得意であり、「天下為公」より「天下為私」を愛する権力亡者らが党の権威を笠に、やりたい放題の金儲けに没頭してきた。

上海派と太子党など中国のエスタブリッシュメントのモットーは「何事も政治的事件が起こらず平穏にカネを稼ぐ」。

これは正義感の残る団派の若手にとっては許し難い。まして王楽泉が蓄財した金額は天文学的で、新疆ウイグル自治区の武警、軍はもとより党組織の末端細胞にまで腐敗のお裾分けが配られ、あたかも王楽泉の私党、私軍とまで言われた。

二〇〇九年七月九日、胡錦濤は北京に帰国し、九人の政治局常務委員全員が出席するという異例の会議が開催された。そして暴動の原因は「三股」であると総括され、それらは宗教指導者、民族分離主義者、テロリストであり、ウイグルの暴動は海外のテロリストの仕業ということになった。現実とはかけ離れた政治宣伝で結論し、幕引きをはかり治安の回復と補償金支払いなどの融和策が講じられた。

だが民族対立の火種は地下に潜ったまま、いつ噴火するか分からないのである。

台湾国民党の内ゲバ

台湾の国民党はがたがたの内紛を抱え、主流派同士の激甚な内訌《ないこう》が深まった。

北京が権力をめぐる暗闘を繰り返す間に、もっと他のことをやればいいのに、そういう能力、機能がすでに国民党にも失われているようである。

まず北京がターゲットに選んだ親中派代理人が連戦（国民党名誉主席、元副総統）である。確固たる歴史観はないが党内に残る守旧派への影響力があり、本人は台湾外交を指導していると錯覚し、さらに馬英九総統より自分のほうが偉いと思っているから始末に負えない。

二〇〇〇年台湾総統選で、連戦は国民党の正式公認候補だった。押し出しが弱くリーダーシップの薄い政治家だったため落選。二〇〇四年、連戦はふたたび総統選に挑戦したが僅差で敗退して陳水扁の再選を許した。

これで連戦の政治生命は失われ、国民党内で若返りを求める声が広がった。馬英九が本省人政治家=王金平を大差でやぶって正式候補となり、二〇〇八年三月の総統選挙本番では、民進党の謝長挺を軽々とやぶって圧勝。

だが馬英九は台北市長時代の機密費流用問題が尾をひいて、国民党主席へのカムバックがはたせず、客家人政治家=呉伯雄が国民党主席に収まった。しかし呉は時間稼ぎのための飾りだった。

馬英九は本省人政治家で元首相の蕭万長を副総統として閣内に封じ込め、広範な本省人派閥を取り込み、煙たい先輩格の江丙坤（国民党副主席、元通産大臣）を海峡基金会理事長に、大陸委員会主任には李登輝系列の女性を充てるなどして事実上の大陸問題の最終意思決定者を空白にする。

このポストの星雲状態をみてとった連戦が政治生命の復権をねらって鵺《ぬえ》的な動きを始めた。つまり第三次国共合作の主役に躍り出ようとしたのだ。

北京のほうも連戦を駆使して、馬英九の遠隔操作ができると踏んだ。馬英九が国民党を掌握していない現実に乗じたわけである。

不遇をかこつ連戦を北京に招待する微笑外交から中国共産党は国民党内部の切り崩しをはじめる。

二〇〇五年四月二十九日。連戦は突如、訪中した。出発ゲートには数千人の台湾民衆が抗議に押しかけ流血の騒ぎとなった。そんな民衆の反対世論なんぞ何処吹く風と、「雪解けの時期が来た」と言って北京の地を踏んだ連戦は胡錦濤と会見し、中台の歴史的和解を演出した。連戦家の故郷といわれる西安にも行って、ご先祖の墓に詣でた。中国共産党は急ごしらえで「連戦の先祖」とかいう墓をつくってもてなした。

かつて反共を鮮明にして、「中国は独裁の妖怪が住む悪魔の体制」と攻撃してきた連戦が、豹変したのだ。反共の政治家が一転して容共の先端をつっ走る。

同年十月にも連戦は海南島の農業フォーラムに出席し、「技術交流、民間交流の輪を拡大し、経済での中台協調が、誤解を減らし、良い環境をつくる」として、さらに国共合作の歩みを進めた。

二〇〇八年十二月十五日、連戦は今度は天津に飛んで、中台海運直行便セレモニーに出席した。そのまま滞在を続け同月十八日に杭州の記念館で反日演説、十九日には上海へはいって中台国共論壇に出席し、賈慶林と握手した。

さらに十二月二十日上海で開催された中台経済合同会議に出席した。台湾のマスコミは連戦を「現代の呉三桂」と批判した。

呉三桂は明代末の軍人である。先祖は江蘇省、父親も軍人の代から遼寧あたりが地盤だ。北京防衛の大役につくが、軍事情勢の激変にともない、李自成との対立関係からも清兵を山海関をあけて領内に入れ、明を裏切った。

呉三桂は清軍とともに北京へ進軍し、究極的には清国建国の軍事的貢献者となる。晩年に清国に反旗を翻し南国に独立国を樹立するも短期に潰えた。漢族史観にたてば、呉三桂は売国奴の典型である。

あたかもコミンテルンのごときミャンマー対策

しかし独裁者は外交だけは旨いのである。

アウンサン・スーチー女史だけが欧米にとってミャンマー報道の全てで、実際の政治がどうなっているか、伝えようとしない。

日本のマスコミの取材力も解析力も貧弱だが、欧米マスコミのそれも変わりばえしない。スーチー女史が民主化のシンボルというのは盧武鉉が韓国民主化のシンボルだった、という嘘の放送同様に悪質なデマゴギーに属する。しかしスーチー問題はここでは論じない。詳しくは高山正之氏の『スーチー女史は善人か』（新潮社刊）を参照されたい。

ミャンマーを壟断《ろうだん》しているのはたしかに軍人政権だが、社会構造は二重になっており、軍部より上位に仏教があり、国中いたるところパゴダばかり。敬虔な人々、穏和な性格、農業国家。倫理性も高い。それこそ欧米の植民地時代の悪辣非道な統治に比べると、ミャンマー国民の倫理の高さ、その潔さは比べようがないのではないか。

英国植民に狎《な》れ、英国へ留学したスーチー女史には土着の思想も発想もない。東チモールのグスマンのごとく、あるいはパキスタンのブット元首相のごとき。

筆者はミャンマーを一週間旅行したことがあるが、その穏やかな人々と風景ののどかさに、むしろ感動した。

このミャンマーの政治を左右するのが中国の外交能力である。

ミャンマーの北方地域から北東部にかけての山岳地帯は、軍事政権も統治が及ばない無法地帯をかかえる。カチン族、カレン族、モン族が実効支配する地帯で、しかも麻薬栽培が盛ん。その無法地帯と国境を接するのは中国である。中国がからむとやっかいである。

辺境地帯のゲリラは武装しており、独自の税金を取り立て、長年にわたって軍事政権と対峙してきた。北東部はカチン族などの部族長らが指導権を握り、カチン民主戦線（ＮＤＡ）、シャン州軍（ＳＳＡ）、民主同盟軍（ＭＮＤＡＡ）、ワ州軍（ＵＷＳＡ）等、反政府では同じでもゲリラ間の統制はとれておらず、お互いがいがみ合っている。いがみ合えばいがみ合うだけ、ミャンマー軍事政権としては分断統治がやりやすい。

しかし国際的孤立にくわえ、国内政情不安と民主化要求の板挟みにあって、ミャンマー軍幹部は、個別にこれらゲリラ頭目たちと会談しはじめた。二〇〇九年年初から五月初旬にかけて密かに停戦を話し合ったが、長い戦闘による猜疑心が交錯したため交渉は難航し、結局、破談におわっていたことが分かった（アジアタイムズ、09年5月29日号）。

軍が提出したゲリラ側の武装解除とひきかえに、かれら戦闘員をミャンマー政府の軍人として政府軍へ参入させ、給与を支払うことなどが条件だった。とくにＵＷＳＡは中国のテコ入れで対空砲、地対空ミサイル、一九〇ミリ迫撃砲などで武装しており、軍部の出す条件はうっかり飲めないと踏んだ。武装解除したあげく、軍が急襲して殲《せん》滅《めっ》させられた例を、カチン族らは見てきた。

ＵＷＳＡ軍は二万五〇〇〇名。またワ州軍はカチン族の集団で武装兵士二万名を抱えると言われ、武装解除と自治が交換条件だが、やはり政府を信用しておらず、停戦交渉は決裂した。

これらの武器はどこから来たか？　中国である。ワ州には中国が援助した武器工場まで存在する。

かくて欧米が激しく非難するミャンマー軍事政権が、制裁措置をものともせずに存続する理由は最大の胴元が中国だからである。

国際的に孤立しても核武装を急ぎ、核実験を繰り返して平然としている北朝鮮も、結局は中国がテコ入れをしているからだ。

中国は国際社会の反対をよそに、堂々とミャンマー政府を支援してきた。中国がミャンマー軍事政権への武器援助の交換として獲得したのは、インド洋アンダマン海沖合の無人島を二つ租借し中国海軍の観察基地としているほか、ミャンマー沖合の海底ガス油田開発権利をインドと競って獲得している。後者は三十年の長期契約である。

中国雲南省とミャンマー南方の港湾とを結ぶハイウェイ建設、山岳での発電所建設を援助し、さらに沖合からミャンマーを南北に縦断するガス輸送パイプラインを中国が敷設する。

そうしたヴィジョンを持っていると同時に中国は反政府ゲリラ組織へのテコ入れを行うのである。第一はパイプラインを安全に守るためには山岳ゲリラとの妥協が必要であり、第二に中国が最大支援国としての発言力をバックにミャンマー軍事政権を説得できるからだ。

かつてビルマ共産党に一時期テコ入れしたのも中国だった。一九七〇年代から反政府ゲリラの肩入れをしてきたのだ。

理由は彼らがビルマ共産党の流れを汲むからであり、また国境貿易の主体でもあり、麻薬の中継地点でもあるからだ。

途中で中国はビルマ共産党の武装援助のテコ入れをやめる。理由はビルマ共産党は、とても組織的に脆弱で使い物にならないと判断したからである。

あたかもコミンテルンが辛亥革命直前から清朝の反政府組織にテコ入れし、孫文を日本から寝返らせて、周辺をソ連将校らが固め、さらに蒋介石、毛沢東の双方を援助した。西安事件を命令して蒋介石と毛沢東を共闘させるために国共内戦を終わらせ、抗日の統一戦線を組ませた。当時の中国共産党は山岳ゲリラの類で、スターリンの命令には逆らえず、また蒋介石も息子の蒋経国をモスクワに留学、という名の人質にとられていた。

コミンテルンは国民党と共産党に両天秤をかけていた。

いま中国はあたかもコミンテルンの謀略の現代版を実践するかのように、一方でミャンマー軍事政権に異常なテコ入れを行い、他方ではミャンマーの反政府ゲリラ組織にもテコ入れしてきた。

山岳ゲリラの跳梁に悩まされるミャンマー現地民はタイの難民キャンプへ逃れており、これは国際的な人権問題である。

イランーパキスタン・ルートも中国

イランのガスはパキスタンから中国へルートが確定、米国勢は敗退した。

中国は世界各地いたる所で資源獲得戦争に顔を出し、多くに勝利している。

そもそもの新グレートゲームの始まりは一九九〇年代半ば、クリントン政権のときである。中東から南アジアにかけての資源争奪戦争は冷戦後新しい局面を迎えていた。「ユノカル」は米国石油メジャーの後発企業でカリフォルニアが地盤、ただし海外に鉱区の開発権を多く抱えていた。しかし米国内での政治的コネクションが薄く、主流のメジャーは共和党系が多いため、ユノカルは民主党を頼った。

トルクメニスタンのガスを、アフガニスタン経由でパキスタンの港へ運ぶ。総延長一五六〇キロのパイプラインを敷設する。これをユノカルが主導する。米国を引きつけた魅力の第一は、このルートは「悪魔」のイランを通過しないことだった。だからクリントン政権がブッシュ政権になっても、このアイディアは引き継がれた。

第二に同ルートはロシアも通過しないという魅力だった。

クリントンはこの面妖だが壮大な話に乗った。ソ連崩壊後、世界帝国の輝きを取り戻したかの錯覚のなかに米国は酔っていた。

クリントン政権はこのプロジェクトに前向きで、カリフォルニアのメジャー「ユノカル」はトルクメニスタンとアフガニスタンに根回しし、それからパキスタンから分岐させてインドへも輸出ルートを追加でつなげようとインドを訪問した。インドも工業化を急ぎ、ガスは必需品、プロジェクトに乗ってきた。これをトルクメニスタン↓アフガニスタン↓パキスタン↓インドの頭文字をとって「TAPI」という。

直後、タリバン系アルカイダがタンザニアなどの米国大使館を襲撃し数百の犠牲者がでた。クリントンは激怒し、ただちに報復としてインド洋上の米艦からトマホーク・ミサイルを五十発、アフガニスタンのアルカイダ軍事基地にお見舞いした。当時、カブールでタリバン政権に協力して電話工事をしていたのは、中国の企業だった。不発弾のトマホークを中国はタリバン政府から買った。もちろん一五六〇キロのパイプライン・プロジェクト「TAPI」はご破算になった。

二〇〇九年七月、中国国有企業がアフガニスタンで銅山開発の大工事を始めた。CMGC（中国冶金集団）と江西銅業は、アフガニスタンの歴史始まって以来の数十億ドルもの資本を投下し、カブール近郊のアイナク銅山開発を正式に開始した（チャイナディリー、7月10日）。同銅山は一九七四年に発見され、ソ連の技術者が試掘を繰り返した場所。埋蔵推定一三〇〇万トン。

中国はアイナク銅山に28億ドル強を投下し、ほかに毎年4億ドルをアフガニスタン政府に操業費用として支払い、代わりに年間二〇万トンの銅を産出する。同銅山はほかに数億トンの鉄鉱石埋蔵がある。

NATO拡大が上海シックスを刺激

二〇〇一年九月十一日、ニューヨークの貿易センタービルとワシントンDCのペンタゴンが、テロリストの奇襲を受けた。

ブッシュ大統領はただちにアフガニスタンへの空爆準備に入り、まずはロシアを口説いた。旧ソ連衛星圏のカザフスタン、ウズベキスタン、キルギス、タジキスタン上空を通過して爆撃機は飛んだ。

米本土からは長距離爆撃機がウクライナ上空をかすめ、NATOはトルコの基地から旧ソ連イスラム諸国家の上空を飛んだ。

それればかりか世俗イスラム国家となったウズベキスタンとキルギスは空軍基地を米軍に貸与し、タジキスタンには訓練基地、パキスタンも四つの空軍基地を貸した。この時点での図式は米軍とNATOの大勝利だった。グレートゲームの変質を知覚していなかった。表面的に米軍の装備が優れていたため、地上戦、ゲリラ戦の抵抗をかるく想定してしまった。

仇敵ロシアとその配下だった国々がテロ撲滅戦争に協力するという目的で米軍とNATOの活動を支援したことも見通しを曇らせた。そしてアフガニスタンに米傀儡のカルザイ政権が発足し、カブールだけしか統治が及ばない新生アフガニスタンが誕生した。一応は合法政権ゆえに外交権をもつ。

ユノカルは「あの話」(TAPI)を復活した。カルザイ政権発足直後にトルクメニスタンとアフガニスタン、パキスタンの三カ国は、例のパイプライン敷設プロジェクトで正式に合意した。

これを不快に見ていたのは第一にイラン、第二にロシア、そして第三が中国である。密かな反撃が準備された。イランは中国と密かに武器輸入などを交換条件として、ガス鉱区を与え、さらには二十五年の長期契約でガス輸出を許可していた。イランが中国から得るものは武器と核技術である。

中国は上海シックスの主導権をもつが加盟六カ国(中、ロ、カザフ、キルギス、ウズベク、タジク)にオブザーバーとして、イラン、インド、パキスタン、モンゴルを加え、あたかもNATOに対抗するかのような、東側の軍事盟主の立場を確保し始めた。

解体されたワルシャワ条約機構に代わるものとしてロシアは「全欧安保」を言いつのり、CIS間では個別あるいは集団的安全保障条約を結んだが、バルト三国とグルジアとトルクメニスタンが加わらなかった。

プーチンはがむしゃらにロシア帝国の栄光の復活を夢見て、バルト三国とウクライナへのガス供給をとめ、グルジアには戦争を仕掛けた。同時に欧州がロシア・ルート一本のガス供給ルートを多角化するためにナブッコ、ジェイハン・ルートの建設を始めるや、同時に対抗して北方ルート、黒海ルートを提示して欧州を揺さぶっていた。

とくにオーストラリア、ブルガリア、ドイツにはそれぞれが薔薇色のシナリオを提示し、欧州の団結をそぎ、利益誘導型で西側の分断パイプライン建設を妨害する。

「中東の金正日」＝ニヤゾフ大統領の怪死

そういう微妙なタイミングでトルクメニスタンの独裁者が突如死んだ。トルクメニスタンには砂漠の国ゆえにイランやクウェートに匹敵するほどの天然ガス埋蔵があり、いまのところ地政学的にロシアへ流通を依存せざるを得ない。

だからこそニヤゾフ前大統領はガス輸出の多角化に乗り気で、アフガニスタン・ルートの開発が急がれた。これを〝脱ロシア〟化と捉えるモスクワは不愉快である。

ニヤゾフが急逝、主治医のドイツ人は前日に逃亡していた。直後、トルクメニスタンの中立路線は変更となり、新政権はややロシア寄りに外交姿勢を修復した。そして延々と中国へ輸出される総延長七〇〇〇キロものガス・パイプライン敷設工事が始まりTAPIルートへの比重は軽くなった。というよりも投げやりになった（所詮、アフガニスタン戦争は片付かない。パキスタンは最終的に、米国にはつかない）。米国の事実上の敗北が見えた。トルクメニスタンは変心した。

イランはこの機会を待ち望んでいた。もともと内陸部のトルクメニスタンとアフガニスタンを経由して、パキスタンの港を目指すというユノカル案は、「イラン回避」ルートである。

米国はイランを悪魔と呼びつづけた。

イランはガス油田から運搬ルートを南下させ、南の港へパイプラインを敷設していた。全長九〇〇キロのうち、残すところはあと二五〇キロ。地図を凝視していただきたい。この地点からパキスタンのグワダル港は隣である。中国は古くから、この地政学的利点に目をつけてきた。

すでにパキスタンのムシャラフ前政権のときから、治安の悪いバルチスタン地域に中国は労働者を運び込んで道路を建設し、資材を運び、グワダル港を近代的な港湾設備が整ったものに改築してきた。

つまりイランからパキスタンの隣町へ運ばれるガスを、この地で精製し、パイプラインでパキスタンの西南部から北東へ貫き、しかもインドへは分岐しない。この点でイラン、パキスタン、中国の利害は完全に一致した。これを、イラン、パキスタン、中国の頭文字をとって「ＩＰＣ」ルートと呼ぶ。

パキスタンはイランと契約し、中国が最終ユーザーとなり、中国、パキスタンは共通の敵＝インドへは分岐しないのだ。

パキスタン西端に位置するグワダル港は、すでに中国の資本と技術でもって港湾のかたちをなしており、大々的改築（新築に近い）が進んでいる。アラビア海に面する深海は将来、中国海軍の原潜基地になりうる。中国の六隻の軍艦はアラビア海、ソマリア沖の海賊退治に参加している。

パキスタンから中国への高速道路も着々と工事がすすみ、かつてのカラコルム・ハイウェイは完成しているためガスの運輸ルートはこれに添ってパイプラインを敷設すればいいのだ。中国がこのルートに執着するのはマラッカ海峡への依存度を低減させるためで、ほかにもアンダマン沖合のガス田から開発成功後を見越して早くもミャンマーを南北に貫くパイプライン建設を開始した。これらによりマラッカ海峡を通過するシーレーン依存度をさらに激減させる目的がある。

パキスタンはこのパイプラインの通過料収入を年間５億ドルと想定、ＡＰＡＩ計画ではこれをアフガニスタンが受け取る予定だった。

米軍はアフガニスタン空爆の拠点としてキルギスのマナス空港を集荷流通センターのごとき兵站拠点としてきた。しかし二〇〇七年からキルギスでは「米軍は出て行け」という運動が（ロシアに支援されて）組織化され、〇九年二月、キルギス議会は米軍の撤退を正式に決議した。米軍は二〇一〇年八月をメドに撤兵する予定となった。背後にはプーチン政権の援助（水力発電プロジェクトなど20億ドル）があった。

この直後、ある米軍高官に聞いたことがある。すると彼はにやりと嗤って「いずれ逆転がある」と意味深長に言った。「米軍の出費拡大がキーですよ」と。両天秤外交はかつてマレーシアなど新興アジア諸国でも顕著だった。当時は米国とソ連に援助合戦を競わせた。

キルギスは米ロに援助を競わせ、まんまと両国から援助拡大の約束を取り付け、米軍には空港使用料の値上げを認めさせた。

かくして外交には倫理が介在する余地がない。私はかつて京大教授の高坂正堯氏が言ったことを鮮明に思いだした。

「宮崎さん、そうは言うてもやな。外交に道徳をいれたらややこしくなるで」。

昭和四十三年春、セミナーが終わって大阪中之島から北新地の二次会場へ向かう電車のなかだった。私は外交と道徳について質問したのだった。

こうしてキルギスは米軍の駐留の継続を認めたが、日本はこの小国の外交技量にも及ばない。

その後、ウィキリークスが暴露した米国外交文書機密書類のなかに、このとき中国はキルギスの高官らに30万ドルの賄賂を贈り、米軍基地撤去の陰謀の根回しをしていた事実がある。

第五章　価値観の激変、世代間の対立

偽装結婚、ド派手な結婚式

派閥、軍閥の対立、地域対立、民族対立、所得格差などを中国分裂の要素として、前章までに検証を加えてきたが、この章ではそれらの従来的要素を超えた空間、すなわち世代間の考え方の相違、男女間の思想的差違、さらには価値観の激変を軸にして中国の変化の経過を見ておこう。

文明史的な歴史へのアプローチと同時に社会科学の視点から世代間の価値観の分裂という文脈でも中国を解析しておく必要があるからだ。

まずは中国人の結婚観の変化である。

ディズニーランドの偽物遊園地から、本物より革質の良いルイ・ヴィトンのハンドバッグの模造品。北京五輪の記念コインの偽物なんぞマスコミの話題にもならない。

何でもありの「ワンダーランド」＝中国には偽の処女膜も売っているし、偽の花嫁・花婿なんぞゴロゴロ。最近の偽装結婚で傑作とされたのは、台湾の公園で寝ていたホームレスの中年男を散髪させて風呂に入れ、こぎれいにして中国大陸からの女との結婚届を出させ、謝礼を支払ってすぐに離婚させる。男はふたたびむさくるしきホームレスに戻ったという事件が起きた。

「結婚前」「婚約中」「離婚後」と三つの写真が台湾の新聞の一面トップ。日本でも多い偽装結婚だが、ホームレスの登場とは聞いて呆れる。

日本では当局が結婚届のあった住居まで実際に調べに行くが、台湾はどうなっているのか。

ともかく偽装結婚で台湾へ入国し、売春稼業にいそしむ中国人女性がおよそ一万人いるという。

改革開放以来、伝統的な中国人の結婚観は大きく変革された。

「愛」とか「家族」とかの価値観は大きく後退した。日本では大河ドラマの主人公、戦国武将・直江山城守兼続のかぶとは「愛」だけれど。

これまでの通念では「中国人は中国人同士」という民族的紐帯があった。この社会通念が急速に希薄化し、とくにヤングの中国人女性と外国人との結婚がおおっぴらになった。無国籍文学の村上春樹と愛をセックスの世界で描く渡辺淳一が中国でダントツのベストセラーとなるのも、この辺に原因がありそうだ。

社会現象として見ると一九八〇年代から中国に於ける結婚式はすこしずつ派手になってきた。

とくに顕著になったのは二十一世紀に入ってからで株高のバブル紳士、不動産投資と金融成金の登場以後である。これは筆者が中国各地を頻繁に旅行して、実際に毎日何件か目撃した実感である。

デパート以外に並ぶ「資生堂」「カネボウ」などの化粧品は90%が偽物だが、繁華街の屋台で堂々と売られている。その目抜き通りでひときわ目立つのがネオンもまばゆいブライダル産業、二〇〇一年頃からである。ショーウィンドウにはマネキンではなく実物の美女が座っていたりする。

見本市のような広い展示場に所狭しとブライダル写真アルバムの見本フェア。洋装の花嫁・花婿の衣装はグッチの特注からアルマーニまで（これは葬儀も同じで喪主の白服をアルマーニに特注、五〇〇万円という実例が華僑の葬儀にある）。結婚記念アルバムにカネをかけるのもいまや常識となった。日本のようにデジタル・カメラで済ませないのだ。中国は伝統的中華の儀礼がすくなく、ほぼ全てが西洋式だ。

海外へロケに行く写真産業は日本円で二〇〇万円、三〇〇万円を平気で投じて、熱々のカップルを演出し、結婚前にカメラ、ディレクター、照明係を連れて行くほどの凝りよう。ロケ地はグアムやパタヤビーチから、いまやタヒチとか豪州、ドバイも流行になった。

婚前旅行？　もちろん兼ねている。都市部での結婚式は派手派手しくなってホテルやレストランを借り切り、長いリムジンが横付けする。それで市内をパレードするが、含羞のない中国人花嫁は日本人と違って堂々としている。

あの長い長いリムジン、どんな田舎町へ行っても結婚式場には備え付けだ。

遼寧省の北朝鮮国境と言えば貧困のイメージがあるだろう。筆者は五年前にも、この地の丹東郊外に高麗時代の墓を調べに行った。タクシーを雇ったが一車線の田舎道が渋滞していた。不思議に思っていると、その小さな町の公会堂に長い長い白のリムジンが横付けされ、新婚ほやほやマークのリボンを結んだ黒塗りのクルマがほかに十数台。これで朝から夕方まで何回も狭い道筋を行ったり来たりするから、町の人は花嫁の顔を覚えるくらいになる。しかもリムジンはオープンカーだった。

この光景は長春のような北辺の都市でも、いや旧満洲の奥地から華南にまで見られる。「華僑」の出身地として有名な江門、開平に行くと「華僑御殿」が林立しているが、その典型の田舎の邑《むら》＝自立村で偶然見た結婚式も豪勢な洋装で真っ白のリムジンが先頭を行き、付近の住民が二重三重に取り巻いていた。

披露宴がこれまた凄いのなんのって！

日本の芸能人の「億宴」（数億円を式に投じる）を凌駕するほど豪華絢爛華麗壮麗、そして見ていてこちらのほうが恥ずかしくなるほどのスノビズム。含羞って言葉を知らないようだ。

友人の編集者が上海で知り合いの結婚式に招待された。宴席に紹興酒がないので聞いたところ馬鹿にした顔で見られたと嘆く。

「あれはどういう意味ですか。上海は紹興酒の本場なのでしょ。最近、中国人は紹興酒を飲まないの?」

「そうではなくてフランスの赤ワイン出てませんでしたか?」

「ええ、並んでました。高い銘柄物ばかりが」

「つまり、紹興酒なんて安酒を振る舞うのは失礼という意味なんです」

披露宴の受付では芳名録のトップにはなぜか胡錦濤とか、江沢民とかが出てくる。同名異人をわざわざ招待し、「出演料」がわりに逆祝儀も弾むのである。新郎新婦の映画会(スライドショー)、芸能人を呼んでのアトラクションからバンドを入れてのジャズ、ダンス大会まである。

山西省大同市で石炭成金たちの結婚式に偶然行き会ったので中に入れてもらったことがある。

「いま、日本から来た友達です」なんて勝手に司会が言っている。うぉーっと拍手、酒臭い人たちが手招きし、二杯ほど強いコウリャン酒をついでもらって早々にその場から逃げた(ついでながら中国には引き出物の習慣はない。豪勢な料理と酒でもてなす。宴会は田舎へ行くほどに延々と続く)。

子供の名前も「オリンピック」がらみ

二〇〇八年夏、北京五輪の開会式の八月八日の記念すべき日付を選んで婚姻登録をするカップルが夥しく並んで話題を呼んだ。

北京市内で開会式前の六月に予約を取ったカップルは三〇〇〇組もあった。なにしろ八月八日は語呂合わせでめでたい数字が並ぶばかりか、中国史初めての北京五輪開会式の日なのだ（ちなみに二〇〇七年は七月七日、二〇〇六年は六月六日に登録が集中した）。

北京市は八八八語呂合わせ結婚の新郎新婦のためにわざわざ予約登録をさせ、その日に結婚証を受け取れる手はずまで整えた。予約には書類が必要だが、テレビニュースで放送したため長蛇の列ができたという。

「奥運」（オリンピックの意味）が一番人気の赤ちゃんの名前。ついでに言えば干支や血液型には日本ほど拘らない。ためしに若い女性に「君の干支は？」と聞くとよい。「それって何？　星座なら知ってるけど」と回答があるから。干支は中国からきた伝統なのですがね。

さて経済成長が変えたのは結婚への中国人の意識と晩婚化である。晩婚化と少子化は世界共通の現象だが、とくに中国における晩婚化の理由は、（1）人口の老齢化、（2）高学歴社会、（3）少子化の三つが主な原因である。中国は国連予測でも「二〇五〇年までに六十五歳以上が40％に達する」と言われる。日本より事態は深刻である。

中国で国有企業の定年は五十歳だから、日本では働き盛りの「前期高齢者」よりも前の段階でぶらぶら何もすることがない若い老人が目立つこととなる。

早朝、公園に行くと朝っぱらから体操、エアロビクスならともかく社交ダンスをやっている。中年の妖艶なオバはんも多い。五十歳代の定年組が多いからだ。また賭け将棋、賭けトランプ、賭け麻雀も大半が老人の遊び、若者は早朝の公園にまず居ない。

「人民日報」（07年11月5日付け）に面白いアンケート調査が紹介された。調査対象は一人っ子同士の夫婦（漢族でも一人っ子同士の結婚なら二人まで子供がＯＫ）に「子供は何人欲しいか?」と聞いたところ、なんと51・2％が「一人で充分」と回答。「二人以上欲しい」と答えたのは35・9％だった。

一九七九年から厳密に実施されている漢族の一人っ子政策は三十歳以下の若者の99％が一人っ子、小皇帝とか、甘ったれふにゃふにゃ族とか言われる（漢族以外の少数民族は別）。

一人っ子の特徴は競争心に欠ける。集団行動が不得手で、社会生活になじめない手合いが多い。協調性がない。そんなのが軍隊で最前線に立っている。また兄弟喧嘩を知らないから隣近所の子供と男女を超えて兄弟の付き合いとなり、且つ同性愛も急増している。

この結果が如実に表れたのが近年の結婚生態の激変だ。

中国の〝お受験ママ〟たちは一人っ子を「小皇帝」として甘やかし、有名中学から有名大学へ進学させるためにあの手この手の大奮闘。まずは優秀な家庭教師や予備校探し。良い成績を貰うためには先生に贈り物をせっせとする。いや先生と平気で寝るお母さんもいる。

大学は駅弁大学や怪しげな専門学校を含めると、中国全土に三三〇〇。在籍する大学生の数は二七〇〇万から二八〇〇万人。猫も杓子も大学へ行きだしたのは、高度成長期の日本の現象に酷似している。

受験産業という大市場に目をつけて、日本からもノウハウとともに受験産業が進出した。それこそ中国版学習研究社、旺文社、ベネッセと花盛り。書店へ行くと一番豪華で高い書籍は学習参考書だ。

結婚産業で日本の有名なウェディング企業も軒並み中国へ進出した。しかし日本と違って婚前にロケを伴うほど派手なアルバム作りは台湾企業の方が上手だった（カメラは殆ど日本製だが)。

日本人の新婚カップルと中国人のそれとは天と地ほど立ち居振る舞いが違うことが他にもある。第一は新婚旅行。国内温泉地とか名所旧跡、海外ならハワイとかモルディブ、タヒチなどが日本人カップルだろう。

中国人も国内名勝地にも行く組が多いが、海外目的地のダントツは近い日本ではない。アメリカ、それもずばりニューヨーク。

目的は? ウォール街を見学し(世界一豊かな国の財の象徴だから!)、隣のチャイナタウンへは食事に寄るだけ。自由の女神像への寄り道も多いが、残り時間はティファニーで買い物。

金使いの荒い中国人観光客は歓迎ムードの論調だ。脱線するが、日本へ来る中国人観光客が一番行くところは秋葉原、次は靖国神社だ(「えっ。本当、それ」の声有り)。それから新幹線を東京—新横浜、あるいは小田原間だけ乗って、富士山とか雪山の見える温泉に泊まるコースが多い。ところで、なぜ靖国神社へ? 中国で一番有名な場所だから単に「見てみたい」というのが動機である。

日本のデパートで値引きもないのにティファニーやグッチを買いあさるのは何故? 銀座でがやがや騒いでいる中国人旅行団に聞いてみた。「え。だって、日本のデパートならまさか偽物を売らないでしょ」(「SAPIO」、09年8月5日号)

急上昇する離婚率

さて「愛より打算、カネが一番」の中国人の価値観は、結婚への考え方から人生観までも変えてしまった。

近年の大変化は「お見合い」の流行である。

キーワードは三つの「高」である。高収入、高学歴、高教養が条件となる。ただし「高教養」は女性側の条件には「背が高い男性を希望」と代わることが多い。

「愛情も分かるけど人生は打算ですよ」とばかり、お受験ママたちは子供の思惑を無視して、適齢期になると今度は「見合い」に熱中する。

北京なら昨今は故宮に隣接する中山公園。毎日曜日の午後二時から。上海なら虹橋近くの公園などがお見合い会場だ。花婿花嫁候補ではなく、親たちが集合して侃々《かんかん》諤々《がくがく》。「お宅の息子さん、どこの大学出？　月給は幾ら？」と質問はスノビズムそのもの。最近はマンションを持っているか否か、が重要な条件となる。

中国の小皇帝たちは自主的に人生を自分で切り開く能力、その意志さえも親に奪われてしまったのか。

これらの現象はもちろん「中産階級」以上の話で、それでは「貧困」あるいは中産階級の下の層ではどうか。

カラオケで一〇〇人の若い女性に聞いた。

過去数十回の中国旅行で、筆者はほぼ全土の都市のカラオケに行くと必ず陪席する若い女性たちに「南京大虐殺を知っていますか?」、「君の人生観は何か?」の最低二つを質問してきた。社会意識調査のためである(ついでにカラオケ・メニューに日本の軍歌があるか否かも調べる)。

その結果、南京大虐殺を知らないのが99%は予想通りとしても「幸せな結婚? そんな綺麗事より、どんな禿でもじじぃでも構わないから外国人と結婚して、早くこの国を出たい」と殆どが答えた(この調査は二〇〇一年から二〇〇八年まで)。

衝撃である。かくもドライに、あけすけに野心を語る、その含羞のなさにである。

そういえば人気作家、余華の近作『兄弟』には「ジャンヌ・ダルク」という銘柄の〝使い捨て処女膜〟(一枚三〇〇元、最低ロット一〇枚売り)が飛ぶように売れているとある。

離婚もすごいことになった。

打算的中国人の典型である香港の離婚率が五割を超えた。

なぜ香港人が計算高いかと言えば共稼ぎが常識な上、朝飯も外食、昼も夜も外食する。安いからだ。帰宅して狭いマンションで炊事する手間も省ける。

つい先年まで香港の市民は一つのマンションを三世帯で借りて何時から何時まで風呂はA家、台所も時間制限あり、この時間はB家と割り振る。

それほど家賃が高かった所為で、ならばと外で食べることになる。夫婦の会話もなく、離婚が常識となるのは自然の流れだったかもしれない。

日本では「成田離婚」を言われた。中国では「閃離族」という。雷が鳴っている間に結婚し離婚するという意味である。

かくて中国全土で離婚率が唸りをあげて上昇した。

二〇〇八年の『中国社会青書』に依れば結婚登録が一九九二年から二〇〇五年の一三年間で三五〇万人も減少していた事実が分かった。逆に離婚はといえば一九八五年に四五万八〇〇〇組だったが、一九九五年に一〇〇万組の大台を突破し、二〇〇五年には一七八万五〇〇〇組を更新した。

二〇〇六年度統計では一一九万組とすこし減った（「北京晩報」、08年4月7日付け）が、首都、北京市の離婚率はずば抜けて高く、二万四九五二組が二〇〇六年に離婚したという。中国特有の女性の単身赴任制度、高学歴による晩婚傾向が都市部で顕著だ。

しかし地方へ行くと二十四歳までに結婚するのが、いまも常識である。

同時に再婚組同士の夫婦が急増しており上海で20%、天津で19%、北京で17%だという。

やっぱり中国人も一人では生きられない。

さらに驚くべきことに農村では嫁不足。女性が都会で就労し、戻ってこないか、都会の男と一緒になる傾向が歴然としており、日本同様にそのうち外国籍の女性を急募しなければいけなくなるだろうと予測する社会学者もいる。

現に台湾で二つの例がある。

第一は本省人から嫌われる外省人の二世三世らは、とうとうベトナム、フィリピンからの花嫁で不足を埋めた。

第二は蒋介石についてきた兵隊が老残を曝し、しかし軍人年金が毎月八万円ほどつくので、これを狙って老兵と結婚する大陸の女性が急増、毎晩励むので夫はすぐに死ぬ。寡婦となっても年金が転がり込む。

これを繰り返し、最高記録は台湾の老兵相手専門に再婚九回という豪傑女性もいる(年金は最近もっと上がったが、購買力平価に直せば大陸の女性にとって八万円は四〇万円ほどの価値がある)。

中国大陸のほうではそうはいかず、田舎の町や村で女性の誘拐があとを絶たない。身の代金目的ではなく嫁不足に悩む農村の最後の実力行使だ。驚きを超えてなにやら虚しい。

大学生のモラルの低下も甚だしい。意識調査では次の結果がでた。六割の大学生は条件次第で婚前交渉ＯＫと答え、32％の大学生は双方の希望があれば性行為をしてもいい。20％の大学生は男女双方が愛さえあれば性行為をしてもいいと回答した。中国の大学は殆どが全寮制、部屋を時間で融通しあうシステムがある。

大学生の性意識調査は全国二六校の高等教育機関におよび、これまでの最大規模の大学生の性にかかわる調査となった。

上海科学院の計画生育科学研究所が、十五〜二十四歳の一〇〇〇人を対象に調査したところ、「未婚で妊娠した経験がある」あるいは「未婚で堕胎した経験がある」と答えた女性は半数（47・7％）も占めた。

大多数が都会育ちではなく、農村からやってきた出稼ぎ組で、封建的保守的とされた女性たちも従来の性意識から脱却している（中国特快情報、08年6月4日）。

メンタル・タフネスは何処へ？

「ヘラルド・トリビューン」紙にでたその記事は、あまりに小さくて見逃すところだった。

二〇〇九年六月十七日付け同紙は「中国では成人の17％が精神障害を患っており、従来の報告で中国の精神患者は1％からせいぜい9％とされた（一九八四—二〇〇四年の調査）が、これらの数字をはるかに凌駕する驚異のデータが飛び出した」と報じたのだ。

コロンビア大学と北京、山東、浙江省、青海、甘粛省の精神病医師らが協力し合い、実に一万六〇〇〇名の精神科医が、六万三〇〇〇人の住民に面接調査したものを「LANCET」誌がまとめた（同誌は世界四大医学雑誌のひとつ）。

この調査はロックフェラー財団などの支援で国連WHOが財政支援をなした本格的調査である。

地方の患者の多くは精神病院に行ったことも精神科医にかかったこともなく、わずかに8％が診察を受けたことがあると答えた。患者はとくに地方に多く、強度のアルコール依存症、酒乱が四十歳以上の婦人にもみられる。

ただし調査では近年の都市移住者のメンタル・タフネスに関して詳しい報告がない。

中国では文革前後、とくに共産党幹部で失脚した階層に精神障害が頻出し、華国鋒も治療したという説がひろく信じられた。

前述のように中国の有名な精神科医で米国に研修留学にでて、一年後に台湾へ亡命した張文和氏を亡命先に訪ねてインタビューした経験がある。張医師は「精神病の原因はメランコリーと猜疑心が二大要素。だから文革のようなショックが尾を引く」と言い出した。

「中国では精神病棟は設備が劣悪なうえ鍼灸と漢方で治療していた。米国では電気ショック療法が広く用いられ、これを中国式と併用した臨床実験で有効な治療結果が多かった」と語った。〈詳細は講談社『現代』に掲載後、拙著『中国の悲劇』〈天山文庫〉に所載〉

にわかには信じがたい数字だけれども、国連ＷＨＯの調査結果であるだけに留意するべきデータである。

中華連邦、民主化の仕掛け人

こうなると若者たちが政治に燃えず、天安門事件を知らず、知っていても「あれは外国の陰謀」という答えが返ってくる現代中国の政治状況がよく飲み込めるのではないか。

そこで章末に「現代の孫文」と言われる王炳章博士について書く。理由は二世代上までの中国人の若者は理想に走ったが、いまの若者は……という比較もしたいからだ。

かつての孫文革命の震源地は東京だった。神田のそば屋の二階に集まった中国知識人は、そこで清朝の打倒を誓った（内田良平の自宅だったというのが最近は定説）。党派を超えて革命同盟会を旗揚げし、やがて孫文の三民主義革命の導火線となった。一九一一年、中華民国が成立。しかし民主革命は袁世凱の軍事政権にあっけなく潰え、やがて国民党と共産党の衝突は共産党が勝利を収める。大陸は独裁政権が壟断した。長く中国にあっては独裁統治のもとで「自由」「民主」を主唱して活動することはままならなかった。

革命後、米国で最初に「中国民主化」を主唱し、海外留学生を組織したのは王炳章博士だった。一九八二年、王が創刊した月刊誌「中国之春」は、「民主、法治、人権、自由」を四大スローガンとして、瞬く間に世界五十数カ国へ伝播していった。王炳章は医学生として北京に学んだ間にも二回投獄され、一九七九年カナダへ出国した。

一九八〇年に米国へ移動し、ひそかに留学生達を組織。八二年にニューヨークで「中国之春」を創刊、一躍、世界の注目を浴びた。

その後、中国民主団結連盟、中国民主党を創設、これは世界四十数カ国に瞬く間に拡がり、北京を慌てさせた。このため多くのスパイが「中国之春」に潜り込み、組織の分裂を使嗾《しそう》し天安門事件直前には四分五裂の状況に陥った。

一九八九年六月四日、天安門事件。

直後に王炳章は日本経由で北京を目指すが、成田空港で搭乗を拒否されるという事件もあった。

一九九八年には中国潜入に成功し、中国民主正義党結成のために奔走中、密告によって身柄を拘束され、その後、米国で人権団体や連邦議会が騒ぎ立てたため、国外退去となった。

このため中国は王博士を目の敵として追い回し、ついには二〇〇三年六月二十七日、ベトナムへ潜入した王博士と二人の活動家を、広西省チワン族自治区の坊城港市へスパイを使っておびき寄せ逮捕、拘束した。王博士と一緒にいた活動家の岳武はその後釈放、パリへ出国したが、もう一人の張琦女史は拘束を解かれても、四川省の親戚宅に幽閉された。こうした活動歴の王炳章は魏京生や王丹より著名だった時代もあり、「現代の孫文」を意識しての行動ともとれる。

かつてウーアルカイシが、天安門事件で一時的にヒーロー視されたり、ハリー・ウーが新疆ウイグルから中国へ潜入したりして世界の焦点となったように、一面では人権自由活動家の主導権争いが絡む。

広東省深圳市地裁は二〇〇三年二月十日、米国在住の民主活動家、雑誌「中国之春」創刊者として世界的に知られる王炳章に対して「スパイ行為やテロリスト集団を組織した」などと冤罪をでっち上げ、無期懲役の判決を言い渡した。

この法廷は国家機密に属するとして軍事裁判並みに「非公開」で行われた。「台湾の情報機関と接触、一九八二年から九〇年まで、軍事情報を含む国家機密を売り渡し」、「一九九六年からはインターネットなどを利用してテロ行為をあおる活動や海外でテロリストの養成を図った」というのが無期懲役の理由だ。

この出鱈目な判決に米国では一斉に非難声明や抗議行動が起きた。ワシントンの人権団体、「自由中国運動」の王希哲および同団体国際部長のチモシー・クーパーは「恥ずべき判決、犯罪も成立しない人物を不都合といって拘束するとは何ごとか」と怒りを隠さなかった。

二〇〇三年二月十二日、カリフォルニア州オークランドにおいて彭明を主任委員として「中国連邦臨時政府準備委員会」が発足した。

その宣言に言う。「中国共産党政権は不法で、邪悪で、腐敗した国を治める能力を欠いた政権である。この一党独裁を打破することは中国人民の権利であり義務でもある。現政権はもはや自動的に民主化へ移行できる能力はない。民衆に恐怖による政治弾圧を通じてしか統治の方法を知らず、しかし反対派は強力な組織運動ができないため、独裁無能政権の長期化を許してしまったのだ。ここに腐敗独裁政権を転覆させるべく海外人士を中心とした中国連邦臨時政府準備委員会の結成を宣言する」。

しかしこのような運動も風化することはなはだしい。

二〇〇九年六月四日は「天安門事件」から二十周年、盛大な追悼行事が中国をのぞく世界各地で開催された。

日本でも池袋などで数百名規模の集会があった。しかし留学生は若返っていて、天安門事件の虐殺など知らず「あれは西側の陰謀」と教えられ、北京五輪のときには中華国旗を振った連中、すでに事件は風化した。

それよりもあのときの学生指導者の変貌ぶりに支援者が驚かされたのが今日的な〝事件〟だった。

ウーアルカイシは事件後から数年は米国を中心に世界を講演行脚した。フランスでも物理的精神的支援がひろがり、パリで講演すると満員だった。彼もいまや四十代。数年前にウーアルカイシは米国で知り合った台湾女性と結婚し、台湾暮らしを始めた。このパターンは日本留学中に台湾女子留学生と恋仲となり、台湾へ移住した魯迅の嫡孫、周令飛と似ている。

だが天安門事件の熱狂をウーアルカイシは喪っていなかった。まさに二十周年記念日を狙って彼はマカオに潜入し、派手に立ち回って強制退去させられる。芝居がかった一流のパフォーマンスだが、支援者が一番驚いたのは彼の太り方だった。台湾の国民党系の新聞では豪遊が過ぎてクレジットカードが受け付けられないとかひどく批判された。ウーアルカイシはいまでは台湾パスポートを持っているためマカオ、香港は自由に出入りできるのである。

当時、「中国のジャンヌ・ダルク」といわれた柴玲は米国へ亡命後、パートナーとヘッジ・ファンドを経営してきた。いまや中年のオバサンとなり、これまでは日和見と非難されてきた。それにしても太ったこと！　柴玲は米国の首都、ワシントンで開催された二十周年追悼集会に自分の会社からのカンパだと言って一〇〇万ドルの小切手を持って参加した。

「知性派」と言われた理論家の王丹は米国の庇護のもとハーバード大学で博士号をとり、台湾政治大学に招かれ、準教授として大学で教鞭をとることになった。

天安門以前、一九七八年の「西単の壁」事件で一躍国際的有名人となった魏京生はいまもカリスマの地位を維持しており世界を講演行脚している。ただし往時の民主活動家たちは、行く先々で集まる人が高齢化し、かつ年々歳々少なくなっていくという悲しい現実を嘆いている。

民主化への闘いという若者たちの希望は燃え尽きたかのようである。

第六章　たとえば上海独立、広東独立という経済圏のシナリオ

広東はもともと独立志向

華南の人々はもともとが反中央で、独立精神が旺盛である。製造業が密集し、他の地域からも夥しい労働者が入り込み、広東省を中心とする経済圏単独でも全中国GDPの20%を稼ぎ出している。

こうなれば独立志向が強まるのも当然である。

文革の嵐のおりも「広東覇王」と言われた葉剣英将軍が広東省を押さえており、北京は手出しができなかった。鄧小平は葉に保護されて失脚の時代を広東で耐えた。その鄧も、広東の独立精神を警戒し、権力を握った後は葉の息子の葉選平を「政協会議主席」に祭り上げて北京に巧妙に招き寄せ、さっと自派の子飼いを書記に送り込んでバランスをとった。筆者はこういう歴史的背景をもとに未来小説『中国広東軍、独立す!』(二見書房)というシミュレーション小説を上梓したこともあった。

そういうわけだから、広東の人々にとって北京中央なんぞ何するものぞと狷介な気風が残り、北京五輪への関心は薄かった。

広東省では二〇一〇年にアジア競技会を開催した。同年の上海万博に睨みながら。しかも広東人は上海人が大嫌い。同じ中国人という意識はない。あたかも韓国人と日本人のいがみ合いの関係に似ており、広東人はまず上海人と一緒に食事を摂ることさえ嫌がる。

現在も状況は同じである。

中央が任命した新しい広東省書記の汪洋（重慶特別市書記から横滑り）への風当たりは強く、省人民大会では王の演説が予定された日に、なんと五十名の代議員が欠席するという嫌がらせ事件まで起きた。

広東省のなかに二一の都市があるが、日本企業の進出先は深圳、広州、東莞、珠海、仏山、中山、恵州に集中している。華僑の本場である江門市や開平市には日本企業の影が薄く、海南島とを結ぶフェリー発着場がある、旧フランス租借地の湛江市などには日本企業の看板さえ目立たない。

中国全体の外国投資のうち20％強が広東に集中豪雨のように集中している。理由はアメリカを中心とする海外華僑の出身地が広東省であり、さらに隣接する香港からの投資だ。同じ広東人であるからで、これだけでも他の都市へ香港の巨額のカネは流れにくい。

くわえて気質の似た台湾人が製造業を主軸に広東へ投資してきた。だから広東省へ行くと、その豊かさに目を瞠らされる。広東スタイルというのは富の象徴であり、中国の奥地でときおり難しい漢字（繁体字）の看板があるのも、あれは広東流儀をまねているからである。地方都市の洋装店の看板には「広州式」あるいは「広東式」と銘打っているブティックが目立つ。

所得が増えると「文化水準」もあがる（筈である）。

広州市統計局が市民一万人に意識調査をした面白い結果がある。「広州市民の文化的生活についての調査結果、『文化的活動』のトップ3は「ネットサーフィン」（89・1％）、「ラジオもしくは音楽を聞く」（79・8％）、「テレビを見る」（55・2％）となった」（人民日報、07年11月19日）。「文化的生活」の程度が分かって面白い。

だが現実はこういう表面的な事象では分からない。

二〇〇八年四月から広東省の最低賃金は月給八六〇元に上昇改定された。これが二〇一〇年十二月には九八〇元。中国で一番労賃が高い。しかしその程度の給料でいまや労働者は寄りつかない。労働コスト急騰に経営が成り立たなくなった繊維・アパレル産業ばかりか、電力がこないために悲鳴を上げている工場が目立つ。広東省は火力発電が主だが、八九二二カ所に水力発電所もあるが規模が小さすぎて採算倒れ、一方で大雪などによる再建修理作業が遅れ、激しいインフレにも見舞われている。

広東省の電力不足は深刻を通り越して経済の浮沈を左右するようになった。このうえインフレの猛烈な加速と、製造工場では人手不足の深刻さが加わっていた。そこで賃金が安くともこき使える新疆ウイグル自治区から多数の労働者を輸入した。これが二〇〇九年七月五日、所謂「7・5ウルムチ事件」（新疆暴動）の伏線となった広東玩具工場の民族対立、暴動の元凶ともなった。

周囲の広東人から露骨に嫌われている汪洋書記（団派）は、すぐに省内の企業に伝達し、ウイグル人を大量に雇用するのは問題だとまで言った。くだんの工場で働いていたウイグル人労働者六〇〇人は暴動事件直後からウイグル自治区へ帰還をはじめた。

華南の中心、広東省の省都は広州市。登録された人口だけでも七五〇万人。古くから交易会（貿易展覧会）が開催されてきた。

筆者の定宿は花園飯店（ガーデンホテル）だが、最近は予約がなかなか取れないほど。最近も駆け足で広東省全域を取材したが広東各都市の市内を走るバスが綺麗になった。街の様相は溢れるようなエネルギーを残しつつも落ち着きを見せ始め、豪華ホテルのロビーが中国人ビジネスマンで溢れ始めた。一流ホテルの書店には日本の新聞も欧米の雑誌も売っている。

新装した白雲飛行場の広大さに驚かされる。成田空港の四倍近くあるのではないか。ただし市内へは四十分くらいかかり、高速道路は渋滞。空港から市内へのリムジンバスもいきなり十二路線。ほかに長距離バスが各地へでている。アラブ人、黒人、フィリピン人の夥しさに驚き、日本人の少なさにも逆に驚く。ところが市内では日本料亭が増えているのである。

外国人の出稼ぎが急増したのは、中国一所得の高い広州市で〝3K現場〟の労働者が不足し、ついに遠く中東アラブ諸国やアフリカ諸国からの労働移民を認めたからだ。

南に隣接する広西チワン族自治区や湖南省からの出稼ぎが筆頭だが、中国国内労働者はいまや広東省より上海へながれこむ傾向にある。

しかも広東省ではトヨタ、ホンダが本格生産に入っているのでエンジニアの賃金は二倍になった。

フィリピン女性を住み込みの「お手伝いさん」として雇用するのは産油国や香港ばかりではない。

かつてドル箱だった香港におけるフィリピン人お手伝いさんは十年前の五万人から二〇万人に増え、日曜日など各地の公園はフィリピーナの集会場と化ける。弁当、お菓子を持ち寄って日がな一日、友人達とお喋り三昧。

これとおなじ現象が広州でも起きているのである。

入管の列は「台湾」「APEC」「外国人」「マカオ、香港」「国内」に五分されており、外国人の列で一番多いのがブローカーとおぼしき連中に引率されたフィリピーナの集団であった。

日本料亭が増えたのも広州市民の胃袋が所得に見合って高級志向になったためだ。

繁華街の南京路や上九路などの回転寿司は超満員（値段は購買力平価を勘案すれば日

本の二倍以上）。日本式ラーメンが二番人気で、さすがに「食在広州」（食は広州に在り）。

行きつけの居酒屋へ寄ってみたが、値段が上がっていたばかりか、客の九割以上が現地中国人、日本人は片隅で小さくなっている。

なるほど広州市の一人あたりのＧＤＰが一万ドルを超えた現実は表層だけの観察でも納得ができた。

独立議論がタブーという中国で、天安門事件前夜、趙紫陽ブレーン達は「中華連邦論」を盛んに唱えていた。

しかし独立や分裂論議は爾後、十年以上にわたって閉ざされてきた。

二〇〇八年九月十一日付け「南方都市報」は「広東省を経済単位として独立したらどうか」という挑発的な論文を掲載し、三一省の経済単位独立により、中華経済連邦をつくればどうかと言いだした論客が登場した。

論旨は中国分裂論、中華連邦論の延長線上にあるとはいえ、「経済主体」としての独立を提唱したのはおそらく天安門事件以後、初めてである。「南方都市報」は、広州、深圳を中心に広く読まれて人気があるメディアだ。

こうして広東人の心の底には、いずれの日か独立という伝来の発想が潜在している。

富はどの地域に偏在しているか

衝撃的な変化が連続している。

二〇〇九年六月に上海で「陸角嘴フォーラム」が開催された。テーマは「上海をいかにして香港、ロンドン、ニューヨーク並みの世界の金融センターにするか」。

この討論のために中国を代表するバンカーに中央政府からは周小川人民銀行総裁ら七〇〇名が出席した。

金融センターと化す〝容れ物〟だけは既に出来た。かつて朱鎔基首相は「箱ものばかりつくってどうするんだ」と各地を視察して随行団や記者連中に嘆いたが、金融センターに必要なのは第一にニューヨーク証券取引所のようなコンピュータ管理の巨大システムである。日本の森ビルが建設した「世界金融センター」ビルは一〇一階建て、上海の陸角嘴の一等地に鳴り物入りでオープンした。しかし賑わうのは展望台だけで、入居したテナントは二〇一一年二月現在でも75％程度。ところが上海は森ビルの隣にもうひとつ金融センタービルを建設するのである。

同フォーラムの席上、上海市をおさめる兪正声・上海市共産党委員会書記は「上海を国際金融センターとすることは中国の金融分野を開拓するためでもあり、経済発展方式の変換と調和的な持続可能発展の実現のための選択でもある。上海にはすでに比較的整った金融市場システム・金融機構システム・金融業務システムがあり、国際金融センターの建設を加速するための良好な条件が備わっている」などと獅子吼した。

ところが同フォーラムで周小川中国人民銀行総裁はこのことに深くは触れず「世界の金融危機は、Ｇ７の間で解決可能であり、中国はこの一連の動きの中で発言力を高めた」と述べるに止めた。

周小川が上海礼賛に走らない理由は、中国ではもうひとつ、国際金融都市をめざす都市があるからだ。ライバル都市とは天津である。

温家宝首相は天津閥のボス、上海だけに国際金融を任せるわけにはいかないとばかり、上海集中政策にことあるごとに噛みつき、天津と北京に新幹線を開通させ、天津の濱海経済特区の開発に天文学的な予算をもぎ取った。

こうした中央の権力闘争を目撃すれば、中央銀行総裁がどちらにもつかないのは賢明な選択というものだろう。

上海の問題点を別の視点から指摘したのは屠光紹・中国証券監査委員会副主任だ。「金融センター化する鍵はなんといっても中央政府の権限による規制緩和である。上海市政府と中央政府との政策のすりあわせがない限り、すぐに国際化することには無理があり、また上海市条例など、中央政府の政策改正にともなって地方政府レベルでの規制緩和が夥しい」と整合性の必要性を提議したわけである。

国際化に絶対に必要なのは透明な情報、それを可能とするための言論の自由である。中国のような言論の自由がない国では、マーケットは情報操作を受けやすく、決して国際的な取引ができない。このままでは上海が国際金融センターの一員に加わることは無理である。

上海では市場に必要不可欠の企業情報からしてインサイダー取引とデタラメな資産内容、虚偽に満ちた業績報告など、一から出直すべき状況の中で、貧弱な情報空間を放置したまま金融センター化をめざすという豪気な姿勢はいいにせよ、基本的矛盾がある。

上海市トップの兪正声は金融国際化に一言だけ言及した後、次のようなインフラ整備に関して自慢げな報告をした。

「上海南匯区を浦東新区に組み入れることを中国国務院がこのほど認可した。新たな浦東地区は国際的な金融センターと水運センターとして上海を建設するにあたっての機能集中エリアとなる」。

さらに兪正声・上海市共産党委書記（兼中央政治局員）は、「国際金融危機という重要な時期に国務院は『現代サービス業と現代製造業の発展と国際金融センターと国際水運センターの建設の上海による加速推進に関する意見』を発表し、上海南匯区を浦東新区に組み入れることに同意した。この措置は、改革開放をいっそう推進し国家全体の競争力を向上させようとする中国の決心を示すだけでなく、上海経済の構造転換と長期的発展を促進するという戦略的な意義を持つ」と発言した。

つまり土木・建設屋的発想のインフラ整備に関しての成果を自慢しただけで、言論の自由に触れていない事態が浮き彫りになった演説である。上海市場の国際化、まだまだ道は遠い。ということは独立した、出島のような存在になりたい上海人の夢もまだ先である。

「上海タイフーン」、「甘苦上海」の現場は？

日本の多くのビジネスマンが読む日本経済新聞。二年前の連載小説は高樹のぶ子『甘苦上海《がんくうしゃんはい》』。キャリアウーマンからも大いなる共感を呼んだ。主人公は五十代のエステサロン経営の女性、様々な難儀を周囲の男友達の協力を得ながらリスク・マネジメントにも挑戦していく。溌剌として物怖じしない生き方、従来のしきたりにとらわれない人生観が上海という稀な急膨張都市の無国籍文化の流れのなかに浮き彫りになる。

この小説の背景にもあるように、興奮の坩堝といわれた上海からも大不況のあおりで過熱ブームが去ろうとしている。

十五年ほど前から日本人ヤングの一部で「出稼ぎの穴場は上海さ」と囁かれていた。二十年前、香港に留学した組の一部が日本に戻らず、国際金融都市の香港で起業したり現地採用されたりの静かなブームがあった。二五〇〇人ほどで若い女性のほうが多かった。

香港に進出した日本企業が競って彼女らを雇ったが、給与が高いのにカタコトの広東語しか喋れなかったりで、一九九七年の香港返還後は使い道がなかった。むしろ雇用は中国大陸本土で大量に発生する。

そのメッカが上海だ。人生に野心も目的もない日本の若者、とくに日本の独身女性らを上海は引きつける魅力があった。魔都＝上海と呼ばれる所以だろう。

摩天楼に囲まれて夜のネオンも華やか、ちょっとだけ中国語を喋れると現地での日本企業の雇用があり、住居費も食事代も安くすむ。「一カ月一〇万円でのんびり暮らせる」などと聞いて、ふらり上海へ向かうヤングが増えた。それも数千の単位、実際の話である。中国人は日本語を喋れても月給は六万円程度、日本人はカタコトの中国語で一〇万円以上の月給になる。企業側としても日本から派遣するよりずっと安くつくので現地採用を増やした。

ＮＨＫがドラマ化して凄い視聴率を誇った「上海タイフーン」の主人公（木村多

江）は体当たり的でガッツのある女性だが、目的もなく中国語もカタコトしか喋れない。それでいてふらり上海浪人を続ける。

この類の日本人が目立つのがこの数年の顕著な動静である。前述の高樹のぶ子『甘苦上海』もそういう背景に新しい男女間を描く小説である。

なにしろ上海領事館に登録している上海在住日本人は五万数千人（ニューヨークより多い！）。その上、日本人はノービザなので長期滞在組を加えると一〇万人近い。

これまでは上海に駐在する日本人は虹橋地区にある日本領事館の周辺、とくに外国人駐在の多い古北新区のマンション街に集中していた。昨今は浦東の金融センターに近い場所（瀟洒なメゾネットや高層マンションが林立）に居住区の分散が始まり、いまや半々の比率となった。

バンド（外灘）や南京路などの繁華街を歩いているとニューヨークの五番街より頻度高く日本語が飛び交い、日本語学校は乱立、寿司バーも目立つ。日本そっくりの赤提灯に縄のれん、居酒屋も結構多い。

社用族相手には日本人専用のナイトクラブも蝟集している。領事館員の自殺事件があった「かぐや姫」は古北地区にあった（いまも経営者がかわって盛業中）。

上海の銀座＝准海中路あたりには「日本式拉面」と書かれた味噌ラーメン店、伊勢丹もホテルオークラ（花園飯店）もある。筆者が上海へ行くと時折立ち寄る徐家匯

（バー街）には食べ放題飲み放題、九九元という日本料亭もあり、長蛇の列が出来ている。

最近も駆け足で上海に行った。

第一の驚きは物価高。駅前の定宿はいつも割引が利いて通常二八〇元だったのに四二八元に跳ね上がっていた。二泊目から浦東金融センター街のビジネスホテルに移動した。大きな部屋でロビーも綺麗だが、一泊六八〇元だった。このあたりでは四つ星ホテルは最低二〇〇〇元（二万八〇〇〇円）はする。

筆者からすればホテル代は随分と上昇した印象である。

第二は長距離バスに横三列のリクライニング・チェアという豪華バスも導入され、もちろん運賃も上がっている。

第三は中国人女性に美人が増えたこと！　豪華ホテルでは結婚式ばかり。街では御犬様を連れ歩く有閑マダムも目立つ。

しかし現実には、世界経済のエンジン役を果たしてきた中国経済は北京五輪、上海万博、広州アジア大会が終わって息切れ状態。そこへ押し寄せたのがウォール街発の世界大暴落。世界中の富豪も政府当局者も真っ青、庶民の不安が増した。

中国版サブプライム・ショックも始まっていた。

あれほど投資家が熱中した不動産屋ががら空き、客が少ない。中国ではいくら建物をこしらえても売れないので偽装書類をつくり購入させる。幽霊屋敷のようなマンションやショッピング街が目立つのはそのためだ。

日本では住宅資金の借り手は年収のせいぜい三倍まで。米国のサブプライムはそれを五倍、六倍にふくらませた偽装書類をでっち上げて販売し、その未来の売り上げを先に証券化し、さらにデリバティブというレバレッジをかけて世界の投資家に売ったために世界的規模で大地震なみの被害となった。実際の投資資金の三十倍という、複合化した証券化が進んでいた。

中国の場合、国民の平均所得が2000米ドル（二〇一〇年末推計）。どうしてそういう低所得者が日本円で六〇〇〇万円、一億円のマンションを買えるのだろうか。

しかしインチキ商法では天才的な国だけに、偽装書類は年収を三十倍、五十倍にふくらませ、したがって販売しても実際のカネは入らない。デベロッパーはそれでも開発をやめず建設をやめず、そのインチキ・ブームの最終的ツケの局面にきたのである。

まさに象徴的な事故が起きた。

二〇〇九年七月、上海の閔行区で建設中だった十三階建てのマンション「蓮花河畔景苑」が根本から倒壊、その現場で作業中だった労働者ひとりが犠牲になった。これは手抜き工事、基礎工事のいい加減さによるものだが、基本的に流砂の土壌のうえに出鱈目な工法と鉄筋、セメントのちょろまかしで行った人為的災害である。

一般的に高層ビルは基礎工事が重要であり、最低でも二年ほどかける。土壌改良工事、杭打ち、もしくはシートパイルを打ち込んで地下水を吸収し、高層に耐えるだけの鋼材とセメントを地下深くに流し込んで地盤を盤石としてから上物を建てるのだ。それら全てを手抜きで行ったのだが、上海は地盤沈下の激しい地区でもあり、ほかの高層ビルの末路も射程に見えてくる。

虚勢を張り、張りぼてを造り、外見を装うという、いまの中国の姿勢そのものを象徴する事故である。

とはいうものの、上海の金融街から繁華街を歩くと表面上の繁栄は変わらない。

北京五輪後、天津の興隆、北京の荒廃

北京は五輪イベントのために都市計画を改正し、およそ中央部分の都市設計をやりかえ、そして軽工業を天津へ移転させた。

すでに天津の工業団地にはトヨタ、モトローラなどに象徴される世界的企業が進出、先日はトヨタ・レクサスの新型ＥＳ３５０、ＩＳ３００の二モデルが北京で発表され、本格的に中国市場に登場して話題をまいた。トヨタの主力工場のひとつは天津にある。

天津の濱海地区を大規模に開発し、一部を埋め立て、〝第二の浦東〟をめざすプロジェクトがスタートした。天津前市長は戴相龍（前の人民銀行総裁）。世界的なエコノミストとしての評価が高い。また温家宝首相は天津生まれ。前に政治局員で庶民に意外な人気のあった李瑞環も天津閥である。

現在の党書記は張高麗。福建省の人だが、団派。広東省から山東省書記となって、失脚した前書記のあとを継いだ。

天津のコンテナ基地は中国で最大級のひとつ、渤海湾に面して世界一三〇ほどの港と結ばれている。鉄道、高速道路、海外航空路も完備され、戦前の天津という上海と並ぶ商都としての地位を復活させようと巨大プロジェクトが練られた。

一九九四年につくられた濱海経済特区開発の原案計画書は、上海浦東を凌駕する規模だった。このため中央政府の許可が下りず、ながらく店晒しだった。計画提出からじつに十三年後の二〇〇七年六月六日に中央政府が正式に、このプロジェクトを総合的開発として認可した。

天津は北京に近いという地政学的優位があるとはいえ、渤海湾はヘドロの海（汚水が湾内を環流して外洋に出ない）。水不足が致命的で、将来の発展を危ぶませている。町はゴミゴミしていて、名所といえば周恩来記念館くらい。しかし周恩来は紹興生まれの浙江省閥であり、天津とは南開大学を首席で卒業したくらいの因縁しかない。

袁世凱の旧居址が公衆便所になっていたことだけが筆者には鮮烈な印象があるが。

さて北京である。

北京五輪という未曾有の「宴のあと」、北京の経済が頓挫する危険性が極めて高くなってきた。製造業がカラになった北京ゆえ、消費都市としてだけで果たして生きていけるのか。

そもそも「百年の夢」と標語を掲げての北京五輪開会式は一九三六年ナチス・ドイツのベルリン大会を彷彿とさせるほどに全体主義的だった。

第一にこのお祭りのために国民にかかった負荷は大きく、不満の爆発はカシュガル、クチャ、上海での爆破テロばかりか、北京・鼓楼での米国観光客殺害事件を惹起した。北京五輪期間中の警備は戦争状態として見るとまさに「内乱対応型」だった。

町を警戒したのはボランティアという名前の「民防」「自警団」であり、住民の再組織化に成功したけれどインターネットが自由に繋がらない。海外取材陣から見れば過剰防衛でしかなかった。外国のメディアは総じて北京五輪の過剰警備に批判的だった。

主要な競技会会場周辺と地下鉄の駅ではX線検査とボディ・チェック。ライター、液体、横断幕などが回収された。これは今後も予想される少数民族の反乱、内乱防御のための予行演習ではないかと囁かれた。

第二に情報協力態勢も敷かれたが、国民の協力ぶりに顕著な温度差があった。瀋陽ではタクシー運転手に「重要治安情報を提供すれば最高五〇万元（約七五〇万円）の報奨金」制度が通告された。しかし以前からタクシーは密告を強要されており、北京では全てのタクシーに録音機が内蔵されている。

第三は合計二八万台という監視カメラの体制。国民をロボットのように監視するとは、まるでオーウェル『1984年』を連想させる。

第四に国民さえ信用しなかった異常な警備に本来の経済活動が麻痺した。そうした麻痺状態が、以後も続いているのである。

遷都先のダークホースは西安

二〇〇八年夏、北海道。ブッシュ大統領（当時）は洞爺湖サミットに先立つ「日米首脳会談」の雑談のなかで福田康夫首相にふと漏らした。「中国は北京から西安へ遷都を検討しているらしい」と。

秘密裏に「遷都」を検討している理由は？
（1）テロ対策の二重命令系統の確保：短期的に見るならばテロ警戒の北京に万一

のことがあれば、臨時首都が必要である。

ブッシュ大統領は二〇〇一年九月十一日の同時多発テロ事件直後から特別機に乗り込んで数時間行方不明だった。最高司令官として首都ワシントンでの指揮の権限をチェイニーに部分的に委譲した経緯があった。

(2) 首都機能の一部を移転し、西部開発の目玉とする。中期的展望を「開発」という文脈で考えると重慶、成都、ラサ、ウイグルへの開発テコ入れに比べ、西安開発ははるかに遅れを取った。

長安の時代からの、この古都は観光だけで成立しているが、機能の一部を移転すれば、さらに発展が望める。

(3) 長期的展望に立つと迅速な砂漠化でいずれ北京は砂に埋まる。北京郊外の万里の長城は都心から一番近い居庸関まで二〇キロ。日本人観光客がよく案内される八達嶺はもう少し先。そして万里の長城から北八〇キロのところまで砂漠化が進んでいる。

将来、水涸れによって北京の砂漠化もありうるシナリオだ。砂漠のオアシス都市だった承徳あたりでさえ、すでに砂漠化の一歩手前だ。北京の水瓶だった密雲湖と官庁湖は干上がり、運河を緊急に造成し、近郊から用水路で水を確保しているが、基本的に地下水が枯渇した場所は人間が住めない。

最大の問題は水である。もはや北京に限らず大都市は水を他の地域、はては外国から輸入せざるを得ない状況に陥っている。

中央アジア一帯を流れるのは二つの大河である。アム・ダリア川は、タジキスタンのパミール高原が水源で二四〇〇キロ。

シル・ダリア川はキルギスの天山山脈から二二〇〇キロ、それぞれがウズベキスタン、カザフスタンを通過し、トルクメニスタンをかすめてアラル海へ流れ込む。

水源のキルギスとタジキスタンは、ともに最貧国だが、水だけは豊かなので、ダムを建設し水力発電で電気を輸出する。ところがダムの調節が悪いため洪水が起こり、下流域のカザフスタン、ウズベキスタンに被害が出る。

この二つの川に周辺諸国は90％の水資源を依存している。

ウズベキスタンは綿花栽培が有名で、世界の綿花輸出の20％を占めるほか、農業灌漑で水は絶対的に必要。カザフスタンは工業化、生活用水としても水が大量に必要であり、かつてはソビエト帝国が調整したが、いまやモスクワにそれほどの政治的強制力は望むべくもない。

水戦争の決着が当該地域では大きな政治争点となっている。

もうひとつ考えられるのは資源確保という戦略的要請である。

中国全体の電力のうち18％が水力、72％が石炭による火力、原子力は3％内外。ほかに原油を焚きあげる火力、風力、太陽電池、報告されない自家発電で構成される。

胡錦濤政権は「科学的発展観」を基調にエネルギー不足を補う総合的プロジェクトを進めてきた。ところが四川省大地震によって経済の根本を脅かされている事態に気がついた。製油能力に地域的には限界があり、たとえば軽油を例に取ると、中国は国内の軽油需要の過半を輸入に頼らざるを得ず、このため各地では軽油の深刻な不足状況がある。

四川省大地震を奇貨として、中国はこれからの総合的エネルギー計画の根本を見直すことになるか。いずれにしてもエネルギー状況を瞥見しただけでも、高度成長の持続がきわめて難しい局面にあることがわかる。

以上見てきたように北京と天津、上海、広東のバラバラな感覚と重慶や西安といった、同じ漢族でも独立志向の強い地域があり、その経済的独立心の燃え方は激甚である。

あの広大な中国がひとつの空間のなかで、力の抑圧と畏怖が続く間はともかくとしても、改革開放以後、様々な価値観で共存することが如何に難しいかが日々明確になったのである。

第七章　チベットは独立状態に戻る

チベットはこうして併呑された

中国共産党は一九五〇年十月、チベットの併呑を命令し、六カ所から凶暴な軍隊を入れた。

当時のチベットとは現在の地図でいう「チベット自治区」だけではなく、もっと広く甘粛、青海、四川、雲南の各省をまたぐ大版図。いずれも英国、ロシア、清国の標的であった。

人民解放軍という名の虐殺侵略軍は、まず西寧（現在の青海省の省都）を押さえチベット仏教寺院を手当たり次第に破壊して僧侶を虐殺し、無抵抗のチベット人を次々と処刑した。

悪魔が実在する証明になった。

中国軍というのは弱きをくじき強きを助け、相手が強いとヘイコラするが、弱いと見るやこの世の極北まで残虐行為と略奪を行う。チベット僧侶は非武装で、殺された多くは無辜の民、敬虔な仏教徒だった。まさに「三光作戦」（奪い尽くす、焼き尽くす、殺し尽くす）というスローガンは彼らの発明であり、その残酷残虐非道は日本人がまねのできることではない（「光」に殲滅、皆殺しの意味があるのは中国語で日本語にはない。つまり「三光作戦」なるものが誰の創作かは言うまでもない)。

チベット侵略の第一の目的は戦略的な理由による。

当初、世界戦略の文脈からインドからチベットを押さえようとしたのは英国だった。七つの海に君臨した大英帝国は世界戦略の構造的必要性からもインド、ネパール、チベットを窺い、現実にチベットは英国の保護領だった時代がある。第二次世界大戦中は英国が重慶への補給ルートとしてチベットを通過しようとしたが、チベットは「中立」を貫徹し、逆に英国と蒋介石の恨みをかった。

第二はチベットに眠る膨大なレアメタルの資源確保が動機である。

中国は長期的な資源奪取に関心が深かった。金銀銅はもとより、クローム、鉛、ウラン、鉄鉱石のほか、チベット(この場合、青海、四川、雲南を含む)には石油鉱区がある。雲南省は色石、オパールの産地でもあり、四川省は外国からの干渉を受けにくい地政学的要衝だ。

のちに四川省を毛沢東は核兵器製造、実験およびミサイルの秘密基地とする必要があった。四川省はパンダの故郷だが、中国のパンダではなく、ただしくは「チベットのパンダと呼ぶべきだ」(ペマ・ギャルポ氏の口癖)。

第三は北京にとってチベットは宗教上の脅威と感じるからであり、心理的な恐怖感が共産主義者にはある。なぜなら共産主義は一種カルト的な一神教だから、ほかの宗教を認めるわけにはいかない。

毛沢東以外の偶像は不要であるばかりか、一党独裁の支配を円滑にするためにも潜在的な敵となる宗教、セクト、カルトは徹底的に壊滅させておく必要がある。

第四に水源の確保という大目的がある。

黄河、長江という中国の大河川の水源はチベット高原であるという地政学的基本をお忘れなく。十三億の民が水を安定的に得るためには水源を自分たちの領土にしておこうというパラノイア的安全保障感覚が働くのである。

もっともチベット側のエベレストの水は南方へも流れ出してミャンマー、ラオス、カンボジア、タイ、バングラデシュへと流れるガンジス、イラワジ、メコンの源流でもあり、その重要性は東南アジア全域に共通である。

吐蕃の建国は七世紀

その昔、チベットが吐蕃《とばん》という大国だった頃、軍事力に秀でた国でもあった。

漢族にとってチベットもモンゴルもウイグルも軍事的な脅威だった。杜蕃王国は神話時代を別として、文献で残っている限りでは五九三年にヤルルン王家からガンポ王が登場し、次々と有力な土豪を従え、六二〇年に建国された。

チベットは西暦七世紀から九世紀にかけて世界史のなかで比較しても燦然と隆盛をきわめた。七六三年には唐の都、長安を軍事陥落させたほどに。それ以前にも漢族はチベットへ姫君（文成公主）を降嫁させて融和を図るほどだった。チベットが後世のモンゴルのように漢族の中原を治めていれば、チベット王朝を構築できたほどの勢いがあった。そうならなかったのは杜蕃王国が南北に分裂し、群雄割拠となったからである。

元があらわれて宋王朝を滅ぼすと、チベットはむしろ仏教を広めることによって元の庇護下に入り、その後の中国の歴代王朝との関係はやや平穏に続いた。

ダライ・ラマ法王の治世が始まるのは、サキャ派の宗教活動に飽き足らないゲルク派が興隆し大勢力となった十六世紀だった。十七世紀にはゲルク派によってチベットが再統一された。

十八世紀には栄耀栄華をきわめて政務を顧みず、国力が廃《すた》れはじめ、一七一七年にはウイグルにいた武装勢力にラサが占領された。康熙帝の軍の助っ人でラサを奪回したが、以後、清朝の干渉が激しくなり、このあたりから英国、ロシアがチベットを窺うようになる。

一九一一年の辛亥革命では政治的混乱に乗じてチベット独立を宣言するが、中華民国軍との戦闘となり、敗北した。

蒋介石軍が台湾へ逃れると、日本の財産をすべて接収して、台湾そのものを強奪、「中華民国」を継承したかたちとして「中華民国台湾省」だと言い張った。

爾来、台湾でさえ歴史教科書も地理も、チベットは依然として「中華民国」の領土となっているのには驚かされる。台湾にいる外省人の中華思想組の人たちはチベットを治めるのは中国人の義務というような凄まじい宗主意識を持ち合わせているので唖然となる。

共産革命が成立したのは一九四九年、毛沢東はただちに旧チベットの領土奪取に着手し、まずはチベットの支配者の分断、とりわけチベット仏教四大派閥（ゲルク派、ニンマ派、サキャ派、カギュ派）の分断工作を推し進めて、チベットのなかに共産党細胞を組織していった。

ダライ・ラマ法王の側近が北京に寝返って、中国の支配のもとで特権を享受しようと「解放」を受け入れたために、人民解放軍は怒濤のように侵略を開始することができた。

非武装のチベット人を虐殺した。その数一二〇万。チベット版ホロコーストとなった。紆余曲折を経て、ダライ・ラマ法王はヒマラヤを越え、インドで亡命政府をつくった。

中国共産党はダライ・ラマに「祖国分裂主義者」「分離独立の陰謀家」なるレッテ

ルを貼り、自分たちの犯した侵略に関しては一切口をつぐんだ。

ところが北京の歴史歪曲の先を行くように、虐殺を「解放」と言って中国を擁護した日本の新聞がある。

岩田温『チベット大虐殺と朝日新聞』（オークラ出版）を読むと、チベット報道をまげて伝えてきた日本のあるメディアの今日までの経緯が簡潔に記されている。

朝日新聞の川柳に「五輪前　どうにも邪魔な　生き仏」という投稿が採用された（08年3月20日、朝日川柳）。無神経な紙面作りには驚くばかりだ。

そもそもチベットに於ける人民解放軍の大虐殺を「解放」と呼んで、中国共産党の宣伝部の役割を自ら買って出ていた朝日新聞こそが、凶悪犯の死刑執行を命じた鳩山邦夫前法相に同紙が投げた〝死に神〟そのものではないか。

一九四五年からの朝日新聞が報じた六〇〇〇件ものチベット記事を時系列にさぐり、論調がいかに変わったのかを岩田氏は精密に検証した。

朝日新聞の一九五二年、ＧＨＱが占領を終えて日本から去るまでの期間の報道は比較的まともで、チベット問題に冷静、かつ中立的であった事実が浮き彫りになる。

侵略を「中共のチベット侵入」と表記していた朝日新聞は、「中国は十八世紀以来チベットに対して宗主権を主張してきたが、それは名目上のものに過ぎなかった」（１９５０年11月2日）とチャンと書いていた。

「中共がチベットを制圧すると、共産主義の脅威は東南アジアからさらに中東にまで及ぶことになる。ネパールやブータンのような緩衝国の地位は少なからず不安になる。千三百マイルにわたって国境を接するインドも、共産主義の浸透に対しては重大な関心」(1950年10月29日社説)。

この時点までは朝日新聞は「共産主義は悪」という前提で、中国も「中共」というタームで捉えている。

この姿勢ががらりと変調し、北京にべったりになるのが占領軍のGHQが日本から出て行った一九五二年からである。

その後の同紙の論調の凄まじき変貌ぶりに関しては、述べるまでもないだろう。「侵略」と「文化破壊」を「近代化」と言いつのり、チベット人虐殺を奴隷解放のためとすり替えた。チベットの文化を守ろうとする者に分離分裂主義の策士だと悪罵を並べ、要するに朝日新聞のメンタリティにおいては中国共産党が是であり、チベット独立は否なのである。

四川省大地震報道の裏に潜むもの

過去の情報の伝播はチベットのような山岳国家、その山奥では一カ月ほどかかった。

ところが二〇〇八年三月十四日からのチベット暴動の情報はラサから翌日には四川省、雲南省、甘粛省のチベット人居住区に広がった。携帯電話を反政府側が連絡に使い始めたのだ。このため四川省の大地震発生後にも治安部隊が被災地には赴かず、チベット人居住区に駐屯を続けた。

新しい情報社会の嚆矢は同年五月十二日に発生した四川省大地震における官製情報とネット情報の相剋というかたちで明瞭に火を噴いた。

新華社、人民日報ならびに中央電視台（ＣＣＴＶ）の官製情報は愛国主義の鼓舞、指導者の英雄的救援活動だった。ところがネットや携帯電話での会話は、政府批判という劇的な対比を見せたのだ。「知ってる？　日本では学校に避難するって」。学校の倒壊を皮肉った中身はネットで流行語になった。

ラサでの争乱勃発、血の弾圧というチベット問題で中国が世界に孤立したとき、共産党中央宣伝部は世界各地の聖火リレーに独自の取り組みを示し、偽情報を流し、ダライ・ラマが悪いという嘘の宣伝と政治的愛国主義の演出を繰り返した。

北京五輪の聖火リレーで世界各国の〝歓迎〟ぶりを巧妙に演出し、五星紅旗を林立させて「愛国」を煽り、胡錦濤の訪日では天皇陛下がホテルに見送りにきた場面ばかりを特筆した。日本の天皇は「朝貢」にきたのであり、中国の家来だという印象をつくるためである。

しかし愛国主義を獅子吼したものの毛沢東思想に代替できるほどの威力はなく、中国の民草は上から押しつけられた「愛国キャンペーン」では立ち上がらなかった。そして聖火リレーがいよいよ中国で本格化しようとした五月十二日、四川省で大地震が起きた。

温家宝首相は国務院緊急会議を招集し、可能な限りの救援体制を組むように指示した。まっさきに四川省の消防・公安が三〇〇〇名動員され、合計十五万人。被災地には人民武装警察、核兵器製造基地には成都軍管区を中心に人民解放軍が動員された。とくに空軍パラシュート部隊六四二〇名が現場に向かった。パラシュートで降下し、現場で救援の指揮をとるとみられた。

それらを英雄的救済活動だと画像で演出した。温首相は被災現場を激励に訪れ、テレビニュースのトップとなった。軍の救出作戦の英雄的行為が次から次へとテレビで報じられた。愛国の旗を高らかに掲げて政治宣伝に転用し、大いに利用しようとした。ミャンマーのサイクロンへの危機管理と比べて迅速なこの行為は、北京五輪でのありうべからざる悪夢への予行演習とも言われた。

しかし実態は異なっていたのだ。

四川省を襲ったマグニチュード8・0の地震は都江堰から汶川、北川、安県、綿陽、広元にかけて四カ所の重要な核兵器研究所と核兵器製造工場が山の洞窟などに造られ

ていて、綿陽は人口五〇万のうち三〇万人が核施設関連に雇用されていた。そこに発生した。（香港誌「開放」08年6月号）

注目されたい。これらはかつてのチベットの版図であり、現在もチベット族居住区の多いところである。

迅速に軍が動いたのは被災地の救済のためではなかった。

核施設防御に向かった空挺団の目的は核兵器の安全確保だった。人民解放軍の大量動員は二〇〇八年二月の大雪災害のときと比べても、はるかに大きく、台湾の「自由時報」によれば、台湾向け予備兵力さえ南京軍管区から一個師団が動員されたという。

北川県唐家山のせき止めダム（地震湖）の決壊は時間の問題といわれた。綿陽市民は高台に二五万人が避難した。

核兵器製造のメッカ、綿陽が水没すれば中国の核施設は壊滅的打撃を受ける。

一九七五年八月、河南省淮河にかかる板橋ダムが決壊した。台風によって水かさが増し、激流が溢れ出ると下流のダム五八カ所がたちまちにして倒壊、被害は下流全域におよび、およそ二〇万人が生命をうしなった。

板橋ダムは一九五〇年代の大躍進時代に造られた、粗製濫造のダム、手抜き工事の典型だった。

中央宣伝部はそれでも涙ぐましい努力で情報操作を行った。「愛国主義」が国民に迅速且つ広範に横溢し、五星紅旗が全土に翩翻《へんぽん》と翻り、まるで中国人が一晩で団結したような錯覚が生まれた。

全土から被災地へ「ボランティアが押し寄せている」と、感動的な場面が次々と映し出され、清華大学の学生一〇〇〇人が献血の列をつくった。すぐに四川省へ飛び出した学生もいた。

北京の銀座＝王府井ではカンパ箱がはち切れんばかりに大金を投げ込む人がいる。芸能人チャリティでは一〇〇万元単位の寄付がぽんぽん飛び出した。成都ではタクシーが市内から消え一斉に救援物資を運んで、となりの都江堰へ向かった。長距離トラックは奉仕で大量の救援物資を運び、「おなじ中国人じゃないか。困った人を助けるのは人道だ」とテレビに語った。そういう場面ばかりが大写しだった。

舞台裏で本当に起きていた事態とは？

「寄付を要請する振り込め詐欺」が横行し、カンパを訴えるインチキ団体も雨後の竹の子のごとく結成された。被災地は強盗団、救援物資の横流し、跋扈する悪質な安売り屋。

便乗値上げでミネラルウォーター三倍、豚肉四倍。被災地に偽警官も出没したため軍の警備が強化された。

寄付金横領。外国の救援物資横流しの窃盗団が暗躍。清華大学での溢れるような献血の列と言っても、同校は胡錦濤出身のエリート校、全国に模範をしめそうという選民意識からだった。現地へ飛び出したのは大半が四川省からの学生だった。

献血はこの際、ＡＩＤＳ検査をただですませようという動機の者が目立った。また北京での献血の列は四川省、甘粛省、青海省など被災地の人が目立った。進出企業や芸能人はマスコミの圧力で金額を約束したが、実際の寄付金額は不明。世界から押し寄せたジャーナリストと契約したタクシーは普段の二倍稼いだそうな。

ジェスチャーとしてダライ・ラマと対話

北京が猫なで声で立場を変えるときは、内情に困った要素があるため、時間稼ぎと対外的欺瞞の演出をする必要に迫られたときに限られる。そういう方面にかけての演技力は天才的である。

チベット問題は中国共産党にとって正念場となった。世界世論の手前、チベット亡命政府との対話を演出せざるを得なくなったのだ。

二〇〇八年七月一日、二日の両日に亘って北京ではダライ・ラマと政府との「対話」が行われた。

これは単に時間稼ぎのポーズだった。なんとしても北京五輪を成功裏に開催するためには、この際何でも平気でやってのけ、ともかく時間を稼ぐのである。

チベット仏教の生き仏、ダライ・ラマ法王の特使として北京入りし、中国側と対話をしてきたロディ・ギャリとケルサン・ギャルツェンの二人はインドの亡命政府に帰国し、ダライ・ラマ法王に報告の後、七月五日にダラムサラで記者会見に臨んだ。

今回の公式対話でも中国側は従来の主張を繰り返しただけで、まるで前向きの姿勢はなかった。北京五輪後に次の対話を持つという事だけが合意された。「中国に前向きな動きがなく、難しい協議だった」と失望の色を見せた。朝日新聞の川柳がいうように「五輪前　どうにも邪魔な　生き仏」というわけである。あの川柳はどうみても中国共産党の心境を唱っている。

北京のほうは話し合いジェスチャーを演ずることによって当面の目的が達成された。北京五輪をチベット論争の場にしてほしくないため、話し合うポーズをして無理につくり笑いをして見せただけだった。

チベットが期待した議題は「チベット人の居住地域における自治」だったが、ギャリ特使は、「五輪が中国側の動機であり、ジェスチャーとしてチベット問題に取り組んでいるかの印象を対外的に見せる」ことを目的とした宣伝の場でしかないと言った。

ただし七月の対話で中国側が亡命チベット人組織「チベット青年会議」を名指しして区別したところに特徴がある。

ダライ・ラマ政府はチベット青年会議は「チベット独立を主張しているが、暴力、テロ集団ではない。民主主義のもとで見解の相違があるのは当然」と語り、青年会議の活動の独自性を尊重する立場には変わりはない、とした。北京の分断作戦を警戒したのである。

「チベットのパレスチナ化」の懸念を抱くのは金子秀敏・毎日新聞専門編集委員で、インドの亡命政府内に急進派が台頭しているのは事実であり「発言力は拡大した。いまのダライ・ラマはハマスを制御できなくなったアラファト議長に擬せられている」（アジア時報、08年5月号）とする。

この分析に従うとダライ・ラマ路線と対立する過激派がチベット政局をいずれリードするだろう、と予測するわけだが、筆者はこの意見には同意できない。イスラム原理主義とチベット仏教は根本における寛容さが異なるからである。

ダライ・ラマ十四世の後継者の選定はチベット仏教では形式的にパンチェン・ラマが指名する。

実際には法王の崩御から四十九日以後に輪廻転生があるわけだから、霊性に優れた赤ちゃんを、生前の法王の発言などのヒントに基づき、ブレーンらがチベット地区（現在のチベット自治区に限らず四川、雲南、青海省など、伝統的なチベット人居住区）をくまなく探し求めて、何人かを選抜してある場所に集め、四歳か五歳に成長してからの霊性、知性をみて最終的に選び出す。生前、「湖畔の、山の緑ふかい場所」とかのダライ・ラマの発言の集積からヒントを得る。

しかし、チベットは一九五一年に中国共産党に侵略され、夥しい僧侶が殺され、チベット寺院の多くが破壊され、先代パンチェン・ラマは北京に幽閉されていた。一九九五年にパンチェン・ラマ後継をダライ・ラマ法王が選ぶと、その指名されたニマ少年を両親ごと中国は突如拉致し、どこの馬の骨だか分からない少年を洗脳して「パンチェン・ラマ」をいま名乗らせている。行方不明の霊童＝ニマ少年は、もし生存していれば二十二歳になる。

中国が〝指名〟した「偽パンチェン」は昨今、中国全土を行脚し、「私は共産党の指導の下で、仏教を説く」と講演して歩くため信者の中に失望が生まれている。チベット仏教の輪廻の法則では、この「偽パンチェン」が次のダライ・ラマ十五世を選ぶことになるわけである。そうなれば中国共産党が指令、指示するがままの傀儡祭主が誕生することになる。

あまつさえ共産党は二〇〇七年に「次期後継のダライ・ラマは最後に共産党の承認が必要」という法律を勝手に制定し、人事権とごっちゃに後継指名権を把握したつもりでいる。

民族の伝統を破壊し、自決権を奪う

ダライ・ラマ猊下がインドへ亡命してすでに半世紀以上が経ち、十四世の後継問題は、いよいよ深刻になってきた。法王は七十四歳になり、近年は病気がちと伝えられている。

最近、法王は「次期後継者は外国人かも知れないし、チベット以外の場所で育った者かも知れず、いや女性であることもある」と発言した。「ヘラルド・トリビューン」に拠れば、「後継者選びは私の存命中に行われる可能性もある」と示唆したという（09年6月9日付け一面トップ）。「政治が伝統と衝突」と同紙は語彙を選んだ。

当面、インドへ亡命してきたカルマパ十七世が、ダライ・ラマ法王のもとに仕えており、周囲に拠れば、カリスマ性がともなっているという。カルマパ十七世は北京政府が指名したという経緯があり、一九九九年に亡命した。いま26歳。「彼はおそらく後継が正式に決まるまでの暫定期間、精神的指導者の役を演じるだろう」（ニューヨークタイムズ）。

最悪のケースでは「ダライ・ラマが二人、この世に現れることになる」。まるで南北朝の再来、中国のチベット支配のえげつなさはとどまるところを知らない。

そして北京五輪が終わり、チベット問題はなに一つ解決されてはいない。チベット騒ぎは巧妙な情報操作と隠蔽工作と弾圧で本質をはぐらかした。

不穏な空気を軍事力が閉じこめてラサの観光が再開され、外国人記者団が招かれラサの平穏をレポートしてきた。月並みな報告しかないのも、監視されて取材が制限されているからだ。

英誌「エコノミスト」(08年7月12日号)は、ラサより青海省のチベット族自治区を取材し、驚くべき状況を伝えている。ロンウ村(音訳不明)はひっそりと静かでチベット仏教寺院には人が寄りつかないほどだ。

村を「鎖国」して、軍が統治している。大半の僧侶が拘束されている様子だという。

現在のチベットの支配者は誰か?

張慶黎という人物がチベット自治区党書記である。山東省兎城の人、共青団、つまり胡錦濤直系の「団派」出身である。いまや「治蔵大臣」とも「鎮暴大臣」とも呼ばれる。

履歴を調べると、この張慶黎は独特のキャラを保持しているようで、団派に所属して以来、山東省を飛び出して青海省副省長、省長代理を務めるあたりから、所謂「西部」専門家と見なされ、二〇〇五年には中央政府、国務院の少数民族問題担当を兼ねた。

政治的力量がでてきたのは一九九八年蘭州書記を経て、翌年に新疆ウイグル自治区へ「建設兵団司令員」として赴き、辣腕を発揮したあたりからである。

この「新疆生産建設兵団」については次の章で詳しく述べるが、独自の入植で兵隊の自治区をあちこちに造って自作自衛、全十四個師団、一七四連隊。兵力はいまや一〇〇万人。これは一般の軍事力ではない。

張慶黎は二〇〇四年に新疆ウイグル自治区副書記に出世した。二〇〇五年に先輩胡錦濤がかつて支配したチベット自治区へ入り、党書記代理、二〇〇六年から正式に書記となり、政治局の中央委員入りをした。

チベット開発の予算が少ないと言って張慶黎は五万六〇〇〇戸分の建設予算、三〇億元を手に、二九万人の住民に住居を提供した。

これは漢族支配を自ら妥協し、目先の住居を供与されれば、それでも構わないとするチベット族（かれらを中国共産党は民族分割・分離統治の先端で駆使する。イギリスがグルカを、米国がモン族を分離工作したように。一般のチベット人が直接恨むのは、この漢族と妥協したチベット族である）や、入植してきた漢族、さらには民族隔離政策のため夥しくチベットへ移住してきた回教徒らに配分された。

チベット族に恩恵を与えなくとも地域の発展と安定には寄与した。だから張慶黎は

「治蔵大臣」と呼ばれるわけである（「西蔵」はチベットを意味する漢語）。

シャングリラ（理想郷）は何処に？

チベットの民はかつて平穏に暮らしていた。

理想郷はシャングリラと呼ばれ、中国語は「香格里拉」という漢語を当てる。雲南省の省都、昆明から中国国内線の飛行機に乗り換え、その「シャングリラ」の一つと言われる麗江へ行った。ここはチベット族こそ少ないが、かつての杜蕃王国の版図である。

麗江は緑豊かな谷間に拓けた古都である。

水は綺麗だが、空気が薄い。たとえば料理にしても沸騰点が九五度くらいだ。このためよく煮えていなかったり、味がおかしかったりで慣れないと腹痛を起こす。現地の人はそれで育っているから腹痛もないが、文明国からの観光客には食事も要注意となる。

紫外線が強く日焼けしやすい。この土地では色が黒くグラマーな体型の女性を美人という。風光明媚な場所で万年雪に抱かれた玉龍雪山（五九七〇メートル）が目の前に迫る。ホテルの部屋から見ても目の前が高山で、息が苦しくなる錯覚に捉われた。

麗江市内の目抜き通りは「中山路」から数年前に「香格里拉路《シャングリラ》」に改称された。冠雪した玉龍雪山を街の随所から眺めることができる。ただし雲間に隠れる時間のほうが長いのでシャッター・チャンスはなかなか来ない。

雲南省は面積的にも広大だが、地付きの漢族は少なくチベット族にくわえてイ族、ペイ族、ナシ族が入り組んで混在する少数民族の宝庫である。しかも色石、宝石の宝庫で、オパール、オニキス、珊瑚、玉《ぎょく》など数十種類が採れる。そしてプーアール茶の産地で、おまけに稲作である。

中国政府が認定する少数民族とは、人口が二万から三万以上を一応の最低基準として、それ以下の少数民族は加えていない。漢族を含めて五六の民族構成で、メジャーはウイグル、チベット、モンゴル族にイ族、チワン（壮）族、チァン（羌）族、朝鮮族など。少数民族のなかの少数派にトン族、ナシ族、ワ族、ペー族等がいるのである。イ族は雲南省北部から四川省南部をまたぐ山岳地帯に生息し、東の貴州省北東部にも分散、主に八つの地域に分布しており、人口は七〇〇万人、おそらくチベット族より多い。

イ族は頭に被る大きな頭巾とか、民族衣装がカラフルで、人口が多いので居住地域によって民族衣装が変化し、きわめて多彩でバラエティに富んでいる。「楚雄イ族」というのは楚雄市近郊に住むイ族という意味だ。

付近を二〇〇九年七月にM6・0の地震が襲ったが、震源地となった楚雄イ族自治州姚安県は、昆明から西へ一五〇キロにある楚雄市から、さらに北東へ九〇キロほどの山岳地帯。筆者はここへは行ったことがないけれども楚雄市から西へ一五〇キロの大理市でイ族を多数みた。かなりの数がペー族が多い大理市にいる。麗江は大理から北へ一七〇キロ。峻険な崖道、山岳、山道をバスで四時間から五時間で行きつくが、ともかく麗江、大理、昆明など山岳地帯が中国の地震の名所なのである。

麗江で一番多いのはナシ族（納西族）で彼らは古くから稲作文化の中で独自の文化を育んできた。チベット族、チャン族も多く人々の風貌を観察していると実に日本人と酷似しているのがわかる。

一九九六年にも麗江が大地震に襲われ壊滅的打撃を受けた。しかしシンガポールなどから巨額の援助があって市内は復興、見事に立ち直り、いまや観光客は世界中から古都と雪山と少数民族の稀少価値を求めて、魅力に吸い寄せられるように集まってくる。

中心にある古城の街区にはヨーロッパ系のバックパッカーらが多数屯し、瀟洒な喫茶店や無国籍料理を出すレストランに蝟集し、日がな一日のんびりと無駄話に興じている。骨董屋、風俗衣装屋、一杯飲み屋、こうした風景を眺めやると時間が止まったような、幽玄な世界に引きずり込まれる。筆者は麗江で二泊しただけだが、時間が許せばもっと滞在を延ばしたいと思ったほどだった。

しかしチベットの民にはそうした安穏が再び訪れる日はいつになるのだろうか。

それは独立を回復する日までこないのだろうか。

二〇〇九年七月十日、暴動が落ち着いて観光再開となったラサと北京とを飛行機が直接結んだ。

中国国際航空が従来の成都経由便に加えて北京―ラサ直行（飛行時間三時間五十分）のエアバスを就航させた。

第八章　ウイグル独立への道

世界に拡がるウイグル族への支援

近年、海外のトルコ系住民居住区では「東トルキスタン」独立運動への支援が活発化している。

トルコ系とは西暦六世紀あたりまで中央アジアから中国北東にいた遊牧民、突厥、鉄勒《てつろく》などの国があった。現在のカザフスタン、ウズベキスタン、キルギス、トルクメニスタンなども「西トルキスタン」とも呼ばれる地域でトルコ系である。

新疆ウイグル自治区は歴史的にも文化的にも文明的にもウイグル人の土地であり、一九四四年から一九四九年まで「東トルキスタン」という独立国だった。中国が植民地獲得を目的に東トルキスタンを侵略、ウイグル人指導者、宗教指導者の多数を殺戮し、新たに漢族の入植を政策的に進めた。東トルキスタンの独立は死滅させられ、「新疆」という土地名がつけられた。新しい辺境、という意味だ。

侵略軍は一九四九年から五三年にかけて新疆に進駐し、農地を開墾してそこにどっかと居座る。この駐屯部隊は北京、天津、江蘇省、湖南省そして山東省の兵隊から成り立っており、合計三三万人の軍隊が駐屯しつづけた。

一九六二年から六六年にかけては上海の若者およそ一五万人が追加で送られた。この軍団には前の章でもすこし触れたが、「新疆生産建設兵団」と呼称するのである。

一九四九年から一九八四年にかけて三〇〇万の漢族など異民族が移住し、ウイグル自治区の北部一帯をしめる。そこはシルクロードの北側、天山山脈の雪解け水に恵まれ、古くからオアシスが多い。このあたりを漢族は「北疆」、シルクロードの南側を「南疆」と呼ぶ。当時の人口は約一〇〇〇万人。三分の一が漢族となった。ただし南疆は土着の民が多く、漢族の入植は少ない。理由は核実験場と工業化に向かない土地だから。

一九九八年からの西部開発政府プロジェクトは主に北部の漢族居住区が対象とされ、ガス、石油開発、高速道路、橋梁、鉄道、官舎、駅舎などのプロジェクトは漢族企業が独占し、ウイグルの民は農業に従事しているだけだった。新田開発も移住してきた漢族にのみ供与された。ウイグル農民と漢族の都会生活者との所得格差はますます開いた。

警察、軍、金融、銀行、石油化学、ガス、行政組織、教職等々、近代化に必要な職種はほぼ漢族が手中にした。ウイグルの民には現場労働やリキシャ、個人商店、羊肉レストラン以外進出できる職場もなく、まして教育現場では北京語が強要され、ウイグル語しか喋れない地元の教職員は三〇万人も職場を追われた。

アルカイダやアラブのイスラム原理主義過激派の跋扈は貧困が原因である。ウイグルから多くの若者が国境を越えてアフガニスタン入りし、タリバンの秘密軍事基地で訓練をうけていた。

東トルキスタン独立運動は近年、移民が増えたドイツ、スウェーデン、米国に運動が拡大した。東京でも穏健派の「世界イスラム会議」日本支部が旗揚げされた。

ドイツには海外で啓蒙活動を展開する「東トルキスタン情報センター」がある。米国ワシントンには「在米ウイグル人協会」があり、また「自由アジア放送」はウイグル語の短波放送を世界へ発信している。

イスタンブールで設立された「東トルキスタン民族会議」はドイツの「世界ウイグル青年会議」と合流し、「世界ウイグル会議」（世維会）として再編され、初代議長に独立運動の闘士だったエイサ・アルプテキンの子、エルキン・アルプテキンが選出された。二代目議長が世界的に著名なラビア・カーディル女史、一時はノーベル平和賞に擬せられた。

中国政府が「テロリスト」呼ばわりするのは「東トルキスタン・イスラム運動」のほか、「東トルキスタン解放組織」、「世界ウイグル青年会議」、「東トルキスタン情報センター」等、要するに中国に批判的な政治組織はすべてテロリスト呼ばわりし、非難するのだ。

二〇〇四年九月十四日、米国の首都ワシントンにウイグル人各団体の代表者が集まり、「東トルキスタン亡命政府」を設立、初代首相に「東トルキスタン民族自由センター」のエニウェル・ユスップ・トラニを選んだ。

一九九四年十一月に東トルキスタン共和国臨時政府主席のトレは次の演説をしている。

「今や目覚めるときである。アッラーは我々の神、東トルキスタンはわが祖国。わが民衆は中国政府を打倒し、イスラム政権を樹立する。血なまぐさい圧政をあらわす五星紅旗はわれらの足の下で塵芥となるだろう」

扇動目的の演説とはいえ、ウイグル族の漢族へのルサンチマンが激しく出ている。

事態は新展開となった。

二〇〇九年六月二十五日、広東の玩具工場で漢族の襲撃により二人のウイグル人が殺害された。現場は香港資本の「旭日電子玩具工場」。漢族従業員とウイグル人従業員が対立、武器を用いての大乱闘となった。

少数民族の暴動を重視した党中央は直ちに連絡部会を開き対策を協議、周永康、孟建柱という二人の公安担当幹部が出席した。トップの政治局員による直々の指示はいかに党中央が、この問題を切実に受け止めたかを物語る。周も孟も公安検察規律警察を束ねる中国版ＫＧＢの元締めだからだ。

広東省党委書記の汪洋は事件発生翌日に、はやくも省内関係部署に指示をだした。「死亡した犠牲者の遺族に補償問題を提示し、また義援金を集めよ、公安警察は事件の真相究明を徹底し、早急に責任者を逮捕し、適切な処理を行うように」。それと共に香港企業に対しては新疆ウイグル自治区から大量の雇用をするのは好ましくない旨を警告した。

ウイグル人の組織「世維会」は玩具工場でのウイグル人差別に端を発した大暴動の鎮圧に、当局がウイグル人を差別したことを非難し、抗議集会の開催を呼びかけた。七月五日、新疆ウイグル自治区のウルムチ市内、人民広場に集まりだしたウイグル人は、これを警戒する警察車両五〇両に挟まれながら、一部が先鋭化し、新華南路、解放路に飛び出して交通を遮断、クルマを燃やすなどしたため騒乱に発展した。

漢族の激しい民族差別に立ち上がる

ウルムチは人口二三〇万人、漢族が75%をしめ、経済の90%を支配する。日頃からの民族差別、経済格差に不満が鬱積していた。

新疆ウイグル自治区そのものは原油、ガス、レアメタルの宝庫。砂漠では核実験場として無造作な実験を四十回以上も繰り返し、砂漠の民およそ一九万人が被曝して死亡している。

ガス、原油は漢族によって「盗掘」され、ウイグル人から見れば、自分たちの財産が不当に収奪され、利益は漢族が独占しているという構造となる。侵略者としての漢族、宗教弾圧者としての漢族、支配者としての漢族。

したがって父祖の地を自分たちの手に戻そうとする独立運動が起きるのは当然であり、「東トルキスタン」としての独立を求める主流派と「ウイグルスタン」としての独立を求める汎イスラム派、さらにはアルカイダに走る若者の過激グループがある。中国はこれらを「分離主義」として犯罪者のごとく扱ってきた。

二〇〇九年七月五日夕方から発生したウルムチ暴動は、官製情報によっても死者一九七名、負傷八〇〇名、パトカー二台、タクシー一〇台、公共バス一九〇台などが焼かれ、一〇六軒の商店や民家が放火され、損壊被害にあった。

中国政府は外国人特派員のウルムチ入りを禁止せず、いやむしろプレスセンターを設置して情報を一元管理、官製情報だけを与えた。そのうえで「ウイグル独立過激派による暴力」というイメージを外国プレスに宣伝したが、ワシントンのカーディル女史は暴力を根底から否定、ミュンヘンに本部のある「世界ウイグル会議」も、暴動の原因を否定し、あくまで平和な行進を呼びかけたに過ぎないとした。

暴動は新疆ウイグル自治区内の伊寧、ホータン、カシュガル、アクスなどに飛び火した。

ウルムチでは王楽泉・党書記が「企業の三日間の休業」を命じ、夜間外出禁止令を敷いた。犠牲者の民族構成は漢族の犠牲が74％だとした。この数字は信憑性が薄い。まるで語呂合わせではないか。

「世界ウイグル会議」は直ちに声明を発表し、「死者は最大三〇〇〇名に達するだろう」。

また「ニューヨークタイムズ」は「漢族のギャング団が武器を手にしてウイグル人を襲撃した」事実を明記した（7月11日付け、ネット早版）。

ウーアルカイシは台北で記者会見し、「天安門事件の死者を中国共産党は最初から最後まで作為した。今度も数千の犠牲がいるはずである」（「自由時報」）。

蘇貞昌（前台湾首相）も同紙に寄稿して「自由と人権を尊重する立場から、われわれはウイグル人を支援するべきではないか」と訴えた。

「新疆生産建設兵団」の発足理由は革命後、余力を新疆とチベットに侵略軍として派遣し、将棋のコマのように使い捨て、生き残っても中原に帰還してもらっても困る。食い扶持が減る。だから現地に残留させ、「生産」とか「建設」とかの美辞麗句で飾り、実際は自活せよ、というわけだった。

この兵団のなかで党細胞と独自の行政、独特の自治、検察、司法どころか銀行も大学も持ち、企業経営も展開してきた。行政部門には中央組織をまねて「台湾弁事処」まである。

現有は十四個師団、保有する農場は一〇〇以上、建設企業が五〇〇以上で社会事情の単位は三〇〇〇もある。一〇〇万人と推定される構成員の89％が漢族だという。

同期間、住民の強制移動により中国各地から新疆に三〇〇万人が移住したため漢族の人口比がまたまた増えた。ウイグル人の怨嗟の的となった王楽泉はソ連崩壊直後に新疆に入ったが、おりからの石油ブームで採掘、輸送ビジネスを展開し、一族郎党を山東省から率いてきた。石油ブームにより二〇〇万人の新規移住があり、漢族の人口が増えていた。

ウイグル族の東トルキスタン独立運動の地下組織を炙り出す方法は、いったんデモを許可し、デモ隊に紛れ込んだ特殊部隊や公安のスパイが暴力行為にでる。

デモを呼びかけた「世界ウイグル会議」にテロを煽ったという罪をなすりつけ、カーディル女史の西側のおける名声をおとしめようとする。ダライ・ラマ法王を口汚くののしる遣り方と同根である。弾圧の口実をつくり、デモ隊に発砲して指導者を消し、さらには「ウイグル人は暴徒」と宣伝して、活動家を一斉に逮捕・拘束する。これは共産党の常套手段でもある。

漢族はウイグル族を奴隷程度にしか認識していないから、この機会に便乗して徹底的な殺戮を繰り返す。武装した漢族のウイグル人襲撃、ウイグル商店街の破壊行為に軍も警察もみてみぬフリをしている。

ウイグルの思想的指導者でもあるイルハム・トカティ（中央民族大学教授）を七月七日に拘束した。イルハム教授は穏健派でウイグルの歴史的文化的価値を尊重することを呼びかけていた人物として知られる。

そして滑稽なことに中国外交部は「オランダとドイツに中国大使館の安全と尊厳を守るように要請した」（人民網、7月8日）。

オランダの中国大使館前には二〇〇名近いデモ隊が現れ、ウイグルの弾圧を許すなと訴えた。ドイツでもミュンヘン領事館に火炎瓶が投げられた。

このように過剰に反応する手段も政治宣伝の一環。過剰な自己防衛も常套手段だ。軍隊の漢族への優遇を示唆している写真にあるのは手に手に棍棒、ヌンチャク、スコップを凶器代わりにもった漢族自警団だが皆、体格が良い。彼らは軍の「便衣隊」の可能性があるだろう。

漢族の軍は漢族を守り、彼らがウイグル族を殺傷する現場を傍観していた。そのうえで七月十日にはウルムチから外国人記者を追い出した。

世界ウイグル会議は、拘束された一四〇〇名余りの殆どがウイグル人であるとした。

一九八九年天安門事件では首都を護衛する肝腎の部隊が動かず、地方からきた部隊が学生集会に突っ込み、鉄砲を水平に撃った。多くの死体は軍が隠した。

七・五ウルムチ事件でも、デモ隊に加わったウイグル人らに軍が水平に発砲し、多くの死傷者がでた。軍は死体を隠した。

「BOXUNG NEWS」(博訊新聞網の英文版)は七月十二日付けで「パラシュート部隊が新疆に集結している」と伝えた。河南省、福建省、江蘇省からの部隊、およそ一万四〇〇〇名で、これらの地方空港で搭乗が確認されている。軍の移動に民間機を使うことがあるからだ。また多維新聞網(7月12日)によれば、蘭州からきた武装警察が四日間の夜勤を終え、十日夜、南京からきた武装警察の部隊と交替したという。蘭州部隊はウルムチ市人民広場の第一中学に駐屯していたことを多維新聞記者が目撃した。彼らは街の辻々に立って警戒に当たっていた。

次に中国政府は南疆に警備重点を移行するためにカシュガル、ホータン、イリを周永康(公安系ボス)に緊急視察させた。

カシュガル、ホータン、イリはイスラム教の聖地をかかえ、多くの敬虔なウイグル人が住まう。北部ウイグルと異なり、工業化、近代化が進んでいない。北疆はガス、原油などの生産基地があって石油化学、金属冶金などの産業が発達したが、南疆は核実験場とされたり、砂漠地帯が北疆とを地形的に分けているためだ。

イリでは一九九七年「イリ暴動」が起こった。二〇〇八年にはホータンで数百のデモが起こり、またカシュガルは中世からのイスラム城が取り壊され、世界遺産の指定を自らはずし、住民を近郊のアパートに強制移住させた。

在米華字紙の論調は「上は国家安全部から下は武装警察まで総力をあげて『テロ』に挑んだと言いながら、大規模な騒乱を防げず、これは政府無策による虐殺であり、政府に責任がある」とするものが目立つ（たとえば博訊新聞網、7月12日）。

同紙は続けてこういう。

「工業化で恩恵を受けたのは入植した漢族が殆どであり、石油企業、金融、輸出企業などにウイグル人が雇用されておらず、教員も北京語を強要されて以来、三〇万人のウイグル人教職員が追放され、貧富の差はますます拡大した。とくに王楽泉・書記とその家族は比べる者がないほどの富を得た。中央政府は実態を見ずして、胡錦濤は『宗教指導者』『民族分裂主義』『テロリスト』の〝三股勢力〟が騒擾の原因である、などと言いつのり、団結を叫んだものの、『中華民族』の標語は虚ろであり、このあまりの少数民族への虐待に、彼らウイグル人が民族の記憶を呼び覚まし、国際社会における汎トルコ主義に目覚め、独立を目ざすのは自然の流れと言える」。

七月十一日に中央政治局常務委員の周永康（政法委書記）は国務院ならびに軍の高

官を引き連れて、急遽、ホータン、カシュガル、イリを視察し、「ウルムチはおさまったものの、これら三地域では暴動再発の危機は高まっている」としたことは述べた。「カシュガルはかつて短命に終わったとはいえ分離政権が存在した地域でもあり、『三股勢力』が猖獗している。ホータンもイスラム原理主義過激派が強いカシミールの国境と近く、テロリストの密輸ルートである」などの理由をくっつけて特別警戒に入った。

ウイグル人の住居、文化遺産を破壊

アルタイ山脈はモンゴル、ロシア、カザフスタン、中国を東西に貫く。頂点ベルーハ山は標高四五〇六メートル、カザフスタンとロシアの国境を分ける。中国側の「アルタイ市」は地理的にウルムチの北方およそ六〇〇キロ、「阿爾泰」の漢語を当てるが、先住民はもともと漢族ではない。ロシア側はアルタイ共和国。明らかにウラル・アルタイ系の民族が住んでいた。

周辺は金、水銀、ウランなどレアメタルの宝庫である。

アルタイ山脈の雪解け水は中国領内での呼称ウルンクル河を経てカザフスタン側へ注がれ、ザイサン湖にたまり、そこからカザフ語のイルティシ河となってカザフ北方を抜け東から西へのび、ロシアへ入ると西シベリアのオムスク市あたりまで達し、他の河川に合流する。

当該地域は山岳地帯で、地震が多い。アルタイ市の北側は北屯鎮といわれ、河の北岸を新都心「北屯新区」とする計画が決まった。景気刺激策の五七兆円プロジェクトに便乗し、三年間で四億元投資、くわえて民間企業への貸し出しを一〇億元以上と見込むそうな。

二〇一〇年には鉄道、高速道路開通も予定されている。巨大な開発は新都心づくり、新空港整備などに重点を置かれ、アルタイは樹氷でも有名なので、冬の観光客が見込めると取らぬ狸の皮算用をやっているが、中国の真の狙いはレアメタル確保である。

そしておそらくは過激派の温床となるのを防ぐために新都心を築くのだ。

すでに新疆ウイグル自治区には一四の空港があるが、さらに三つ増やし、合計一七の空港を構築する。イーニン、アクス、ウルムチなどの空港は大規模な改修工事、クチャでは移転工事が進んでいる。

新疆ウイグルの西端、カシュガルという砂漠のオアシス都市は世界的にも有名。キルギスと国境を接する街、イスラム教の聖地エイティガール・モスクがあることでも知られる。

このカシュガル周辺がM6・8の地震に襲われたのは二〇〇八年十月五日だった。

同地区では一九〇二年にもマグニチュード８・０の大地震があり八〇〇名前後の死者がでたという記録がある。

中国のイスラム教徒にとって、カシュガルのエイティガール・モスク参拝は、メッカ巡礼のごとくである。一四二二年の建立。正門一二メートル、ミナレットは一八メートルの高見櫓として左右に立ち、壁面にはイスラム文化の文様が彫り込まれている。

カシュガル市はこのエイティガール・モスクを中心にユスフ・ハズ・ジャジェブ（カラハン朝の大侍従）の墓、シルクロード博物館、バザールが拡がる「旧市街」を形成した。近郊にはアバク・ホージャ（新疆イスラム白帽派指導者）の墓、三〇キロ北東には千年以上前の莫爾仏塔が砂漠のなかに蜃気楼のごとく残る。

カシュガル旧市街という文化遺産を「地震対策」を名目に建て替え、近郊に「新市街」を建設し、高層アパートに住民を移転させるという無謀なプロジェクトが展開された。九〇〇世帯が立ち退き、残り一万三〇〇〇世帯も「地震がくるから移転を急ぎなさい」と市当局から煽られた。

中国政府は治安対策上、イスラム教徒過激派の集合場所を分散できると踏み、省政府とカシュガル市政府の高官はプロジェクトでカネが転がり込むと踏み、土木・建築屋的発想が文化遺産保存という考え方もついでに破壊した。

北京の文化関係者のあいだにも不評で「愚かな政策」と吐き捨てる者がいるが、国連ユネスコ「世界遺産」登録リストから北京政府は意図的にカシュガルをはずした。
「これは政府高官の命令と思える」と文化遺産関係者が言っている。
チベットに次ぐ文化破壊の愚挙が、ますます深刻化している。「これはまるでバーミヤンの石仏をミサイルで破壊したタリバンの蛮行と同じではないか」と世界から抗議があがった。

グローバル化した少数民族問題の惨状

西側世界はこれまでは中国の砂漠の奥地での少数民族への差別、弾圧に関して無理解、無頓着、無知を極めた。

彼の地でウイグルの民がどれほど漢族に虐められているかも知らなかった。日本は距離的な近親感と旧植民地だった台湾など密接な繋がりがあり、世界でも例外的に台湾独立運動に大いなる関心を示してきた。また仏教という広い文脈からダライ・ラマ法王の動向を注視してきた。台湾とチベットへの同情心は深いものがいまもある。

しかしウイグル？　中国の新疆ウイグル自治区が何処にあるのかも知らない、まして同地域の大半がイスラム教徒となれば、ますます縁遠い存在だった。米国も西欧も同じだった。

状況は劇的に変化した。

英誌「エコノミスト」（09年7月11日号）は表紙に軍がひとりのウイグル女性を包囲した写真をカラーで掲げて、「北京の悪夢」と特集した。七月五日、ウルムチで本当は何が起きたか、誰も分からないがと前置きして現地入りした記者が言う。「タクシー運転手は漢族で、ウイグル族が如何に暴力的でひどいか、自分も襲われたと喋った。しかしウルムチホテルに缶詰にされた外国人プレス六〇社は電話は繋がったが、ほかはネットも遮断されていた。漢族は演技のために動員されていたフシがある」とし、「いまやウイグルは反米を言わないイスラム教徒が住む地区として、世界最大の有名地となった」。

ウイグル暴動で世界の関心が高まったばかりではない。その非人道的な中国の血の弾圧に対して慈悲と同情と支援の輪が世界的規模で一気に拡大した事実を見逃せないのである。

「これは何が変えたのか」とドル・グラドニー（ポモナ大学太平洋研究所所長）は、「イエール・グローバル・オンライン」（7月9日号）のなかで言う。

「ずばり、インターネット、ＹｏｕＴｕｂｅ、Ｔｗｉｔｔｅｒという新しい通信手段の普及が中国政府の（悪質な嘘）宣伝より迅速で適切な情報を運んだ」として、メディア革命の貢献をあげてドル所長が続ける。

「とりわけ漢族が武装して非武装で無辜のウイグル族の商店街を襲撃し殺害した現場を目撃するや、アメリカ人の一般的反応は一九九〇年のロス暴動の元凶となったロドニー・キング事件への憤怒と同じ感情を抱いた。白人巡査が黒人を理由もなく殴っていたビデオがテレビに流れるや、暴動となったように弱い者いじめを許せないという心情を刺激した」のだ。

しかも世界に拡大したウイグル支援運動はイスラム社会からだけではなかった。白人も黒人も、この非人道的差別に立ち上がったのである。

暴動の原因と経過も詳しく伝わった。広東の玩具工場でウイグル人労働者が差別され、二人が殺害された十日後、ウルムチで平和裡の抗議集会が行われ、これが暴動となったが、広東省に出稼ぎに来ている少数民族の労働者がじつに一五〇万人もいるという驚くべき事実が一方で知れわたった。

漢族の人口は全中国の91%、残り9%が五五の少数民族で成り立つ。その少数民族に「優遇措置」が講じられてきたと中国政府は宣伝してきた。たとえば少数民族には一人っ子制限の適用からはずし、税金は安く、北京語のハンディを大学入学試験では特別優遇し、また教育費の免除等々。

「だからこれまた漢族がむしろ少数民族に籍替えする流行も広がり、堂々と二人の子供を産んだり、教育現場の優先的雇用にもありつけた」（ニューヨークタイムズ、09年7月12日号）。

ドル所長は「新疆の省都ウルムチでは漢族の人口が75・3％、ウイグル族は12・8％に過ぎない」と新しい数字を出した。

海外へ流れ出たウイグル族のディアスポラ（流民）はサウジアラビアからカナダ、トルコ、中央アジアに散在し、いまや一〇〇万人である。「かれらが祖国の運命に無関心であるわけがない。海外でコミュニティが形成されていたが、人種を超えた普遍的価値観に触発されて、新メディアの下で世界的拡大も可能となったのである」（前掲ニューヨークタイムズ）。

ドルは「ウォールストリート・ジャーナル」にも寄稿して、つぎのように続けた（同紙、7月11日付け）。

「胡錦濤政権が標榜してきた『和諧社会』がこのような無惨な結果に帰趨した。海外に住むムスリムが東トルキスタンとしての新疆の独立に関心を深めたという意味で、今回の事件は〝コソボ効果〟（事実上の独立を世界が認識した）を産んだのである」。

ここに明記されてはいないが、東トルキスタン独立運動が世界のマスコミの目にとまった、同地域住民が中国から離れて独立を望んでいる事実が世界に伝わったという意味ではコソボ効果であろう。

もともと中国の主流である漢族といえども一枚岩ではなく、広東、福建、四川、客家などは華北の人種と異なる。孫文は五族共和を詠い「漢満蒙蔵回」は協和するべきと説いた（蔵はチベット、回はイスラム）。

しかし晩年の孫文は「満蒙蔵回」を「漢」に同化するとした。つまり漢がほかの民族を統治するという示唆が籠められていたのだ。

同時に世界はもうひとつの事を認識した。それは中国人が南北、東西で歴史的にもまったく違う種族であり、北京政権は北方民族の固まり、広東、福建は南方系（農耕系）であり、漢族と呼ばれるのを嫌がり「唐族」あるいは「唐人」と名乗りだしている新事実。

「次の十年、北方が言う漢族のための中華ナショナリズムは南方では唐人ナショナリズムに代替されるだろう。中国の不穏な情勢は海外からではなく、国内の漢族同士の争いからもたらされるであろう」（ニューヨークタイムズ、7月11日付け）

米国も彼らを「テロリスト」と呼んだ

米国は北京の言う短絡的見解に長らく与《くみ》しなかった。

だが9・11テロ以後はイスラム敵視感情が強く、中国の圧力に根負けしてしまった。

二〇〇二年八月、アーミテージ国務副長官（当時）が北京入りし、正式にウイグルの独立分子過激派＝「東トルキスタン・イスラム運動（ＥＴＩＭ）を「テロリスト」と呼ぶことにする旨を中国側に伝えた。

９・11事件直後に「米国テロ対策特別代表」（大使に相当）のフランシス・テーラー将軍が北京を訪問したときは断固とした口調で「ＥＴＩＭを米国はテロリスト組織とは考えていない」と明言していた。

当時の米国の当事者の考え方の基本は結社の自由、信仰の自由、表現の自由であり、イスラムを信じ、結社を組織しただけで拘束し、弾圧し、拷問にかけるのは人権に悖《もと》る、とするのが米国民主主義の根本に横たわっていたからである。

そこで中国はビンラディーンの過激派訓練基地で密かに軍事訓練を受けたウイグル独立分子が「およそ一〇〇〇名いる」（銭其琛・元外相）と断定し、アフガンで拘束した数百名のイスラム原理主義過激派のなかのウイグル独立分子の「引き渡し」を執拗に米国に求めてきた。

ＥＴＩＭのメンバーはアフガン空爆を逃れて密かに新疆ウイグル自治区へ帰国し、各地に秘密支部を再建あるいは地区によっては細胞を創設していた。

そんなことにお構いなく北京中央は「開発、開発」と叫んでウイグル人の拠点だったコルラを石油生産の巨大基地とした。

一九五七年からの「反右派闘争」でウイグル族の共産党幹部が粛清され、五八年の「大躍進」は、夥しい餓死者を出した。六六年から始まった狂気の文革では夥しいイスラム・モスクが破壊された。紅衛兵同士の武闘、内ゲバに巻き込まれて死傷者が出る。

ようやく一九八〇年代に少数民族政策が修正され、言論統制を緩和、モスクの一部を修理するなど宥和をはかったが、円滑にはいかなかった。共産党と妥協した僧侶がモスクに復権したが、多くは共産党員だった。

イスラムに対する禁圧もやや緩和され、文革中に迫害された宗教指導者が復権した。こうした状況を受け、ウイグル人住民の中からも、民族文化の振興だけでなく、民族自治の拡大や、中華人民共和国からの独立を主張する動きが現れたのだった。

一九八九年五月、ウルムチ市内でウイグル人、回族のデモ隊が政府庁舎に乱入する暴動が発生、翌一九九〇年四月には西のクズルス・キルギス自治州アクト県バリン郷で政府庁舎を襲撃した。一九九一年にはイリ・カザフ自治州のグルジャで大規模暴動が起こり、軍と衝突、夥しい死者が出た。グルジャ事件では一〇〇〇名がその後拘束され、三〇名が処刑された。

ウイグル人作家トルグン・アルマス著の『ウイグル人』は中華文明と対峙する「大

ウイグル主義」に基づくと横やりが入って発禁処分、トルグンは軟禁状態となった。少数民族の言語は高等学校でも禁止され、北京語が強制された。

江沢民政権の時代には不安解消のために「上海協力機構」を創設し、ロシア、カザフスタン、キルギス、ウズベキスタンに呼びかけて「イスラム原理主義はテロリスト。ともに防戦しよう」と軍事訓練と演習を繰り返した。とくに中国共産党は9・11テロに便乗して、ブッシュ政権が獅子吼した「対テロ戦争」を支持するという挙にでた。この文脈で、独立運動をテロリスト呼ばわりすることに成功したのである。

ウイグル族の悲痛な叫びは欧米に伝わらなかった。

第九章　東北三省は中国と無縁の地

満洲へ漢族の入植は禁止されていた

中国の東北三省といえば黒龍江省、吉林省、遼寧省である。これに昔の熱河省（現在の河北省の北側）と内モンゴル自治区の北端を加えると、日本が主導した満洲帝国の版図となる。

昔の中国とは縁もゆかりもない土地である。清朝が統治していた期間、この地は無人に近く漢族の入植が禁止されていた。台湾へも渡航が禁止されていた。

清朝末期、辛亥革命の導火線となる若者らの清朝打倒運動の主導者だった孫文は「あそこは漢族の統合が及ばない地域、どうぞ日本が経営して欲しい」と明言していた。孫文は日本に二回、亡命してきたが、貧窮していた彼を支援した日本人にそう言っていた。

ところが日本が満洲に進出して新国家建設が始まるやいなや、山東省を中心に年間一〇〇万人の漢族が移住し、革命後は満族が追い出され、モンゴル族も弾圧された。以後、東北三省は漢族が多く住む地域となった。こうした人口動態の文脈から見れば東北三省が独立するなどという夢想に近いシナリオは起こりえないと考えがちになる。

はたしてそうか？

国家とは人口の多数派が決めるという原則からはずれても成立する。

第一に先祖代々の土地ではない漢族にとって現在地は永遠の住処ではなく、隣に繁栄があると聞けば簡単によそへ移るだろう。現に黒龍江省の娘たちは北京などへ出稼ぎに出るなり、日本の農家に嫁入りするなどしている。

第二に満蒙の民のＤＮＡには、先祖代々の土地へ回帰したい潜在欲求がある。満洲族の多くは毛沢東の強制移住政策で、新疆ウイグル自治区などへ飛ばされた。そして革命から半世紀、伝統的言葉を喋る人はよほどの古老以外、存在しなくなった。

同時に革命から十年ほど戸籍が曖昧だった時期があり、漢族の民族籍を申請した満洲族がかなりいた。漢族の戸籍が有利ならさっと乗り換えるのだ。日本とて戸籍は申告制だった。現在のように厳密な、医者による出生証明書の必要もなく、書類はいい加減なもので、実際に筆者の小学生時代、「一月一日生まれ」がクラスに十数人もいて驚いたし、双子の兄弟姉妹は一年ずらして出生届を出したものだった。

第三は吉林省南部を中心とする朝鮮族の動きである。彼らは二〇〇万人の人口を抱え、吉林、延吉、龍井、集安、丹東などで分散して住み着いている。北朝鮮の趨勢次第でどういう動きがでるかは未知数である。

環日本海経済圏の名残り

現実の旧満洲はどうなっているのか。版図が広いため、この省では北朝鮮国境地帯と旧満洲の開拓団が集中した牡丹江、丹東、ハルビン、ハイラルなどに限定して素描してみる。

ロシア、北朝鮮との国境に近い地域では「豆満江経済特区」開発が急ピッチで進んでいる。

とくに延吉から図們、琿春などを歩き、ロシア国境にも行ってみると急速な発展と繁栄ぶりに驚かされる。

町を歩けばチマ・チョゴリなど民族衣装の女性が闊歩しており、デパートにはグッチ、ルイ・ヴィトンがところ狭しと並ぶ。バスを乗り継いでロシアとの国境、琿春へ向かった。タクシーには一九五〇年代のオンボロが多く、また運転手は逞しい女性ばかり。琿春の輸出加工区には工業団地が整備されていた。

税関や保税倉庫の建物は立派でロシア国境へは韓国からのバスツアーの団体がヤケに目立った。

夥しい企業が進出した工業区はクレーンが唸り、建材を積んだトラックが走り、ビルの建設ラッシュ。中央政府の梃子入れもあるが、韓国からの投資が凄いのである。韓国が着目したのは中国国内の朝鮮族、この「同胞」コネクションを通じて人件費の安さを活用し、輸出産業を立ち上げることだった。

中国政府は「中・西部開発」の一環として、この地区へ本格的な梃子入れを決定し「東北振興策」をまとめた。温家宝首相は日本企業への参加も熱心に呼びかけた。

中国の思惑はロシア国境からロシアのザルビノ港へ鉄道を通し、ここを日本海への輸出拠点とすることにあった。しかし途中から方針を転換し、北朝鮮の先鋒、羅津の港へまっすぐにでる。それゆえ黒龍江省の東端、琿春へ向かって図們江から高速道路が急ピッチで建設されている。

朝鮮族が多い図們は人口四〇万の大都市、そこから琿春へは六三キロ。数年前、筆者が行ったときは道路は凸凹でぬかるんでいた。六十年以上前の満洲時代の日本の蒸気機関車が走っていた。車内は朝鮮族のオバサンたちで満員だった。

高速道路建設は吉林省の省都・長春に繋がって、いずれ総延長四八二キロに及ぶ。工事の完成は二〇一〇年。この道路に並行してロシアへの鉄道が敷設され、「日本海経済圏」のかけ声が高かった一九九〇年代初頭にロシアと繋がった。

加えて二〇〇八年秋のリーマンブラザーズ倒産以後、不況の梃子入れのため中国は総額五七兆円の予算を組んだ。その一部でロシア、北朝鮮国境地域の開発を増強することになった。

ロシアもこの機会に便乗する。

プーチン首相は二〇〇九年五月に来日した。目的は極東地区への日本からの投資拡大を促進させるためだった。ロシアも二〇一二年にウラジオストックで開催する「アジア太平洋経済協力会議（ＡＰＥＣ）首脳会議」を前に慌ただしく極東地域の開発を急ぐことになった。

呼応するかのように中国は国家発展改革委員会と商務部、財政部、科学技術部が協力して「豆満江開発タスクフォース」を発足させた。

慌ててロシアは合計３００億ドルという大規模な極東地域開発計画を発表、同時に北朝鮮とロシアを結ぶハサン―羅津間の鉄道線路（全長五〇キロ）の補修工事に着手、また羅津港三号埠頭の開発権も獲得した。

筆者はその現場へ行って取材しようとしたが、まだ立ち入り禁止区。ロシアのハサンにはポシェット、ザルビノの港湾があるのに機密の軍事施設が残るためだ。

中国は開発にさらに拍車をかける。ロシアとの国境貿易で、いま最も盛んなのは綏《スイ》芬《フェン》河《ガ》であり、この地を「第二の深圳に」というのが中国側の意気込みで、なにしろ六年前に人口七万だった同市が、いまや一五万の人口。その増え方の凄まじきこと！

既存の延吉空港も大型機の発着ができないため代替新空港建設の計画も含まれる。

地域の行政システムの再編作業も進行しており、朝鮮族の居住地である延吉や龍井、図們を人口一二〇万人の大都市に一括統合し、北端の一大産業ベルトの基盤を造成すると鼻息が荒い。

しかし豆満江周辺のインフラ建設の見通しは明るいわけではない。

中核となっている中国とロシアが開発の主導権を競っており、現在の両国間の協力関係が崩壊する可能性もある。

そもそも日本企業は北朝鮮の核武装により、依然として不安定な北東アジア地域に投資することをためらっている。ある企業幹部は、「大規模な投資を行うに値するだけの安定的な政治状況と背後の市場が必要だ。もう少し状況を見守りたい」という。

こんなおりに北朝鮮は次期後継者は金正日の三男、金正雲と決めたようだ。

北朝鮮が見える集安で

北朝鮮と山岳でつながる集安は長白山の麓、鴨緑江の上流に開けた田舎臭い町、ここも朝鮮族が多い場所である。

周囲はトウモロコシ、麦、稗などを栽培していて、これという産業は南へ一〇〇キロの通化市（日本軍が敗走のおり、一時的に参謀本部が置かれた）まで行かないとない。

集安市は狭い。目の前の北朝鮮までボート遊覧もあるが、川幅はせいぜい五〇メートル、夜中なら泳いでも渡れる。

ここまで観光に来るのは主として韓国人。世界遺産に登録されたピラミッド型の高句麗王陵墓に登るための観光客で溢れ、山奥の町なのに市内に海鮮料理がある。値段も高いが、韓国人がどっとやってきてカネを落とす。つられて筆者も入ってみたが、エビなど結構美味だった。

集安の町も至る所にクレーンが林立して高層ビルを建てており、たぶん人口七万という公式統計より五割は多く、隠れた流民、移民がいると推測できた。夜陰に紛れて河を渡り北朝鮮から中国への密入国は容易だろう。

一番南に位置する都市は丹東、昔の安東である。日本時代には銭湯も何軒かあったというが現在の人口は二四〇万人。

金正日総書記が二〇〇六年一月と一〇年五月の中国訪問の際に列車で渡河し、帰国したルートの拠点。対岸の新義州は目の前、河畔沿いには高級海鮮レストランがずらり並んで壮観である。

目の前の鴨緑江には遊覧船、観光ボートがひしめき、対岸の北朝鮮を肉眼で見ようと、これまた韓国からの観光客が大型バスを連ねてくる。丹東市内には米国系ホテルまで華麗に開店した。

航空会社も競合しており、大連、瀋陽、ハルビンにも韓国から直航便がある。この活況、日本にいては分からない。

進出に出遅れた米国だが、目先の利益よりも軍事バランスが発想の基礎にある。戦略的に米国は旧満洲の後背地モンゴルを梃子入れしようとするが、中国が陰に陽に妨害を仕掛けている。しかしブッシュ前政権以後、在韓米軍をグアム以東へと交替させつつ、日本と台湾をカードに中国を封じ込めようとしている軍事戦略があり、米国の「封じ込め」政策と「関与政策」が交錯した対中政策を「コンゲージメント」(Containment と Engagement からの合成語) と皮肉る向きも多い。

こうした環境下、肝心要の日本に中長期の戦略が不在であり、北朝鮮へのヴィジョンが曖昧なまま、その先の旧満洲へ投資を活発化させようとしているのである。

ロシアも極東に経済特区

こうした状況下に突如、ウラジオストック大開発の号令がかかった。ロシアへの、硬直したものの見方を少しは変えるべき状況にあるようだ。

ウラジオストックのことを日本では戦前、「浦塩」と書いた。ここは日清戦争以後、反日分子の拠点ともなった。安重根はこの地に潜んで伊藤博文公のハルビン入りを知り、暗殺を思い立った。

二〇一二年、ウラジオストックでAPEC首脳会議の開催が決まった。新展開はこのAPECと連動して始まる。

プーチン政権は巨費をウラジオストック開発に注いでいる。ウラジオ空港の拡充と港湾整備、つぎにアルミ精錬所プロジェクトの実現、原子炉建設、さらに石油備蓄基地。トヨタは組み立て工場を造成する。

驚かされるのは沖合ルースキー島にリゾートを建築する不動産プロジェクト。

北朝鮮の羅津《ラジン》と先鋒《ソンボン》港を中国が金正日から租借した上での開発を急いでいることは述べたが、これはロシアから見れば、軍事的脅威である。

日本が「日本海経済圏」などと囃されて、中国がロシア国境に「経済特区」をひらき、ロシアのポシェット港へ鉄道で繋ぐと言っていた時代（十年ほど前まで）、羅津港の開発を、まさか中国が行うとは考えられなかった。

ロシアの巻き返しは、プーチン政権の経済政策があまりにEU偏重であることへの極東からの反発と取り残された極東シベリアに眠る資源開発に、ふたたび関心があつまってのUターン現象が重なっている。

アジア太平洋の時代と騒がれて、ロシアが極東開発へ重い舵取りを決定したのはプーチン政権からである。

モスクワから見れば極東におけるロシア人の減少は憂鬱な問題であり、しかもロシア人減少とは逆に中国人、朝鮮人、モンゴル人の入植が増えていて、これが在留ロシア人の危機意識を高めている。

さらにダルキン構想では、造船所を建設し、ウラジオストック周辺を一大「経済特区」へと生まれ変わらせ、アジア太平洋時代に対応するという。

環境問題で中ロが対立

中ロ間では汚染問題も片づいていない。

二〇〇五年秋、国境を接する中国・吉林省の石油化学工場で爆発事故が発生し、一〇〇トンのベンゼンが松花江へ流れ出した。松原からハルビンへ流れた汚染ベンゼンは、そのままスンガリ（松花江のロシア名）からハバロフスクへ。そこからアムール河へ流れ込み、やがてサハリンから日本海へ注ぎ込んだ。

中国はロシアへ石灰を急送し、ハバロフスクにあった中国領事館で連日行われたロシア人の環境保護団体のデモ、硬化するロシア世論をかわそうと躍起だった。

二〇〇六年には両国で河川の汚染監視、環境保護などが決められた。ロシアとの補償問題に発展し、両国は国境付近における環境汚染防止を謳った協定の策定に取りかかった。

二〇〇七年三月にモスクワを訪問した胡錦濤主席は合計33億ドルの環境整備プロジェクトを提示した。このうちの17億ドルが二〇一〇年までに中国とロシアを跨ぐ河川国境の監視システムを構築するとされた。


かの満洲帝国時代、日本からの開拓団は数十万人にのぼった。各地で荒々しい土地の開墾、貧困に纏わる悲劇、そして敗戦と大脱走。一方でソ連に抑留された兵士六六万人、中国人に売られた幼子が夥しくでた。残留孤児の悲劇は山崎豊子『大地の子』などに描かれた。

広大な満洲各地に日本軍は精鋭を送り込んだが、同時に防御用の軍事要塞を各地に構築した。その数は一四要塞。このうち六つが、こんにち中国で公開されている。

筆者は公開された軍事要塞は必ず見に行くことにしている。

大東亜戦争の最終局面で旧満洲における日本とソ連軍との戦闘は、左翼史観によると「精鋭日本軍は夜陰に乗じてさっさと逃げ、民間人を置き去りにした。このため多くの民間人が虐殺され婦女子は陵辱され、幼子らは中国人に売られ、あの残留孤児問題を生んだ」という構図で語られている。

（そんな筈はないんだけど）。

軍事専門家の佐々木俊夫氏に拠ると、「関東軍は昭和一九年の作戦方針で朝鮮国境に接する部分、およそ全満洲の三分の一の地域まで下がって徹底抗戦を決めていたから確かに日本人居留民を置き去りにした形になった。しかしそれは抗戦の拠点を確保するためで、そこに居留民を引き入れるつもりだった。それがたった一週間で敗戦になってしまい、抗戦ができなくなってしまったので悲劇が生まれた」

佐々木氏が続ける。

「当時の関東軍作戦主任参謀の草地貞吾さんが証言しています。関東軍でもよもやソ連軍があんなに残虐なことをするとは思っていなかった。満洲の悲劇は関東軍が居留民を置いて下がったことが原因ではなく、国際法を無視して残虐の限りを尽くしたソ連に責任がある。ところが原爆投下の責任をアメリカに問わないのと同様に、満洲の悲劇も日本の責任にされた。歴史認識の是正が必要です」。

ノモンハン現場を満洲側から見ると

ハイラル（海拉爾）からノモンハンへ行って、その平坦な台地、見分けのつかない地形、ノモンハンの現場へは、とうとう国境警備の人民解放軍兵士に頼んで案内してもらったことがある。辺境の小学校の一隅にノモンハン記念館があった。

いまは内モンゴル自治区に編入されているハイラル郊外には旧日本軍が構築した巨大陣地（北山要塞）が公開されていた。

開拓民が多かった牡丹江へも行ってみた。経済状態を尋ねると、平均給与は年収で七〇〇〇元程度、農村部は四〇〇〇元。ということは農民は日本円に換算すると、毎月五〇〇〇円ほどで暮らしていることになる。

産業も先端電子部品などに遅れをとってセメント、パイプ、土管工場などしかこれという設備をもつ産業はなく、農作物は大豆、トウモロコシに米、煙草を栽培、ビニール栽培はキクラゲである。したがって市内中心部へ入ってものどかな景色が続き、諸外国からの投資の少なさを物語っている。

黒龍江省ではハルビンが人口最大、二位はチチハル、三位が牡丹江である。数年前に北の佳木斯《ジャムス》からバスで入った牡丹江の町並みは豁然としていて歩道も整備され、綺麗になって朝市は午前五時から大盛況だ。

しかし牡丹江の水は泥色となって環境汚染が激甚だった。なかにし礼の『赤い月』の舞台はこの牡丹江が中心だが、当時、日本酒がつくれたほど河の水も綺麗だった。

牡丹江の東の郊外にトーチカの跡が残り、日本人兵士はこの最後の砦を死守せんとして散った。磨刀石という集落ではソ連の戦車をくい止めようと士官候補生の多い精鋭が闘った。ここが落とされると牡丹江までは一直線の平野である。

ソ連軍は沿海州側の綏芬河からも侵入し、日本の陣地を突破したが、いまとなっては激戦の跡に何も残っていない。小高い丘と稜線の緩やかな山が目立つくらいだ。牡丹江市内のタクシーは昔の三輪車を改造したような粗末なクルマが多く、引っ越しもダンプカーを借用したり、恵まれているのは気候温暖なる自然環境だけである。果物が豊かでリンゴと梨を掛け合わせた「りんごなし」という特産品もある。特筆すべきは牡丹江周辺においての韓国の進出ぶりだ。ソウルと牡丹江には航路が拓けており、製紙メーカーには韓国勢も参入、付近一帯の朝鮮族（ちなみに黒龍江省全体、三九〇〇万人のうち5％が朝鮮族）を雇用する。

南下して東寧の旧日本軍要塞跡を見た。雑木林がつづき、陸稲も目立った。向日葵、白菜や菜っぱ畠、菜の花が黄色い海を形成しており、泥道にはコスモスやススキ。道の両脇には白樺、平和な風景である。地場産業は木材加工と製紙で、ロシア国境が近いため木材資源を輸入し、それを加工して付加価値を与えて、建設ブームに湧く国内で処理するのだ。かなり儲かるようで、はやくも浙江省企業が束になって進出し、工場を稼働させている。バスの中から工場の数をかぞえようとしたが、三〇社以上にもなり、家具や建設木材の加工業は景気が良い。

綏芬河はロシア人が目立ち、エキゾチックな雰囲気がある。駅前にはロシアからの買い出し部隊が中国人の担ぎ屋を雇って片っ端から商品を積み込んでいた。いま人口は一五万人に膨れあがり、流れ者が集中する新都市となった。

ロシアとの貿易が急増し国境の入管では当時あった屋台は消えて、テナントはビルの中へ。しかし陳列棚の中身はといえば、変わり映えもしないマトリョーシカ、ナイフ、双眼鏡、無骨なライター、軍服などがせいぜいのロシア土産。誰も見向きもしない。

ところが国境の公園には池が造られ、なんと最高級ホテルが新規開店。ウォッカを飲ませてくれるバーも何軒か開店しているではないか。

街に戻ると大きな人工池の周りに瀟洒絢爛たるリゾート・マンションが林立し、看板には「綏芬河を第二の深圳に！」とするスローガンが至るところにあった。

あらゆる場所にクレーンが唸り、建築ブームに湧いている。労働者がホテルの食堂でカネの勘定をしていた！

鶏西は満洲帝国時代には鶏寧と呼ばれ、日本人開拓団も大勢いた。この山岳の盆地にある田舎街も人口四五万に膨れあがり、金沢とか豊橋なみの大都市に変貌、鶏西市内には日本語学校が建ち並び、日本人は二人か三人しか住んでいないのに何故か熱心な日本語教育が行われている。学びにくる鶏西の日本語習得組は、それを日本への密航のパスポートとするのかと思いきや、華北、華南へでて求職活動の武器とするという。

　一昔前まで給料遅配、貧困に喘ぎ、街人は大連や瀋陽などへ出稼ぎへでた。食うや食わずだった境遇は突然変異し、昨今の景気沸騰により、エネルギー不足から四倍になった石炭価格、その石炭ビジネスの興隆で街に活気が戻ったのだ。


　虎林には旧関東軍第十一師団部跡が残っている。

　オブジェ代わりに飾ってある砲弾は明らかに日本製ではない。司令部跡は戦後一時期、歯車部品工場にもなったが、その後、廃墟と化した。観察しているとワァーと付近の住民が駆け寄ってきた。そのうちの一人、八十五歳という老人が、昔日本人が住んでいた官舎が近くにあるから案内するという。行ってみたら産業廃棄物処理用の廃屋だった。

　虎頭要塞は一万人の規模で、内部は四階建てほど、厨房に食堂、宿舎、将校室など、沖縄の海軍陣地より大きい。外の気温は三二度、中は二六度くらい、ひんやりとする。

　昭和二十年八月、ロシアが旧満州の地を侵略したときに虎頭要塞はわずか一五〇〇名の日本兵が守っていた。最後まで闘い玉砕したのだった。砲火が止んだのは昭和二十年八月二十六日。ソ連が日本に攻め込んで十七日目だった。この間にハルビンまで逃避行に成功した日本人も大勢いた。

記念館には左翼の戦記モノも飾ってあるが、中国人の観光スポットになっていて河畔のボート・レストランには中国国内からの観光客がごろごろといる。

ハルビン駅頭の伊藤博文暗殺場所はもはや残っていない。

十年前に行ったときは女性の鉄道員がちゃんと案内してくれ、現場で写真も撮った。その現場には歴史的遺物なぞ何もなく、案内されなければわからないほどプラットフォームの地下連絡口との接点だった。

五年前に行ったおり、ハルビン駅舎は完全に改築・新装されて、まったく当時の面影が残っておらず、くわえて韓国がその場所に安重根の記念碑を建立したいとハルビン市政府に要請し、やんわりと拒絶されたという話を聞かされた。一部の韓国系デパートに安重根記念碑を飾ったが、それも撤去されたという。日本政府に伊藤記念碑建立の許可を出さないバランス上と現地のガイドは説明していたがあてにならない。

こうして旧満州各地に残る日本軍の要塞跡は、奇妙な形に歪曲されながらも、微かに残っているのである。

だが顕著に残るのは日本が建てた頑丈で美しい建物群。瀋陽（奉天）の日本人街がそれである。駅は東京駅そっくり、旧満州各地のヤマトホテルもそのまま残り、大連、ハルビンなど一部は営業を続けている。長春は日本時代の新京で、日本が建てた多くの建物は共産党委員会や医院、博物館として今日も活用されている。上海で土木基礎工事を怠って倒壊した、中国人のつくるビルとは異なるのである。

中国の本質を知り抜いた戦前の日本人

はたして中国の東北三省は、いずれ独立するだろうか。

歴史のアナロジーをみよう。

戦前から戦後にかけて中国通として知られた長野朗は『支那の真相』（千倉書房）のなかで中国人の本質をつぎのように喝破した。

中国人は変わらずに嘘をつき「排日」に政治の逃げ場所を求める安直で悪い癖は直っていない、と。

江沢民前政権は天安門事件の再来を畏れて民主改革諸派を弾圧し、共産党の悪政をすり替えるために「愛国」とか「中華民族」を持ち出し、盛んに日本を悪者にしたキャンペーンを張った。政治宣伝の類でしかない「南京大虐殺」を反日暴動の梃子に利用した。

「排日が大勢だとなると、すべての者が排日を唱える。学者はそれによって名前を挙げ、新聞も排日のことをさえ書いていれば売れるし、教科書にも排日の記事がなければ買い手がない。同盟罷業をやっても忽ちに全国に拡がって国をあげて騒ぎ立てるから、日本人は真相を知らずに無闇に慌てる。後援会とか、某某会とか雨後の竹の子のように出来るが、事件が終わるといつの間にか煙の如く消え去る」。

孫文の「三民」とは民族、民権、民主なる思想だが、「三民主義は救国主義」「民族主義とは国民主義」（日本を礼賛し、家族と宗族が団結すれば国民主義たりうる）、「民権主義とは人民の政治上の力で、孔子孟子の時代から説かれた」などとし連邦制は支那文明に合致しないと孫文は言った。

長野朗は孫文は欧米思想が強くて肝心の支那の政治哲学が弱いと批判する。「民主主義」を孫文は「社会主義、もしくは共産主義」と吹聴したが、これは全くの間違いと指摘した。

長野朗は陸士十二期で石原莞爾と同期生。辛亥革命の際に南支で革命の動乱を体験して以来、支那研究に従事するようになり、軍人としては大尉で退役した。予備役となってからは支那研究に専念。東方通信社東京本社に勤務し一九二六年、支那問題研究所創設。拓殖大学講師を兼任した。

昭和二年、千倉武夫の紹介で権藤成卿と出会い、私淑した。また昭和三年には東亜経済調査局理事（理事長・大川周明）、五年後には橘孝三郎、稲村隆一、和合恒男らと自治農民協議会を設立し、農民新聞を機関紙とする。

長野朗の『支那の将来と太平洋』（昭和二年七月、「拓殖文化」二八号）には次のような中国論がある。

「日本がアジアで最も早くこうした桎梏を脱し得たのは、日本が官民協力して国内の整備に努めたからである。この点では支那は大に日本に学ばなければならぬ。しかしそれはそれとして、支那が完全なる独立と自由とを得て、国内の統一と秩序とを恢復し得た際、その東洋における地位は非常に重きを加えて来るだろう。殊に支那の隣邦にはアジア未解放の諸民族がいるから、支那の解放は此等の諸國に甚大の影響を与えずにはいない。（中略）解放されたる支那と協同するためには、日本自身の実力を向上させ、相共に手を携えてアジア民族の解放に尽さなければならぬ」。

長野朗は当時、満州を蚕食しはじめた漢族の脅威をこう続ける。

「今日の満洲は満人の満洲でなくて漢人の満洲である。満洲にある満人二百萬人に対して漢人二千萬人、凡ての政治産業の機關は漢人に握られているではないか。したがって満洲は最早民族自決による満人の満洲を造ることは出来ない。満人が支那を支配すること三百年、彼等は四億の漢人を統治するために満民族の全精力を傾けた」。

日本が満州の開発に熱中し、漢人の入植を黙殺し、むしろ奨励した。その結果、「満人が漢民族統治の夢から醒めて帰った時には、自分の古巣には漢人が居座っていた」。

チベットは「英国勢力が及んだり、交通が不便であったために漢民族の侵入は行われていないが、将来支那が統一されて強大な国家となり、鉄道でも敷設された場合には、漢民族の西蔵侵入はやはり行われるだろう」。

長野の慧眼はのちの毛沢東の侵略を、この時点で見抜いていたのだ。

長野朗は満洲に進出した漢族がシベリアにも進み、南は「安南シャムから海峡植民地一帯、さらに南洋諸島にかけて移住し、ほとんど土地の経済的実権を握っている」とも報告した。東南アジアの華僑は、まさにインドネシア、タイ、ラオスの経済を握り、シンガポールは漢族の飛び地と化した。

二〇〇六年、青蔵鉄道は北京からラサを繋いだ。

「漢人種の発展力はとにかく偉大だ。彼等が発展し得ない所は人爲的に入國を禁止しているところに過ぎない。もし一度白人濠洲主義が破れ、米國の移民禁止が解かれたとしたならば、漢人は太平洋上到るところに進入し、太平洋を化して漢人種の太平洋となすかも知れない。今日のように支那が混乱している時代には、自國内で安全に生活し得ないために海外発展を求め、将来支那の産業が発達して人口が大増加を来した場合には、その余勢を以て海外に押し出すだろう。この太平洋沿岸一帯における漢人種発展の現状は、大に注目すべきものだと思う」。

しかし本の刊行から八十年もの歳月とともに激変した習俗・習慣もたくさんある。現代中国では通用しない風俗とは？

当時、茶間でお茶と湯の代金は別々であった。宿屋には寝具持ち込みで宿代と食事代は別。それも細かく別途料金だった。お寺の御坊を借りたりの習慣が、戦後しばらく日本でもあった。筆者が学生時代、関西へ行くと宿は御坊、高校時代の貧乏旅行はユースホステルに寝具持参だった。

いまの中国のホテルは食事別（西洋系）と食事付き（中国の伝統的旅館）に分かれているが、厳密にご飯とおかずとスープでそれぞれの御代が異なるなどというシステムはない。

華北の饅頭は麦とコウリャンだが、山東から満洲へ這入りこむ山東人の旅行は、あたまより大きな饅頭を持参し、それを数日間かじりながら旅を続けるなどという記述を読むと懐かしさも湧くが、時代的背景は漫画『冒険ダン吉』や山中峯太郎の勇躍肉踊る小説世界だ。

支那人は悠然と歩くので犬も馬もゆっくり歩き、交通事故は滅多に起きないと著者は当時の交通事情を言う。いまや時代は激変。中国では年間二〇万人が交通事故で死ぬ。日本人よりせっかちな神風タクシーが多い。

「支那には全国に土匪が数百万人も散在し、その団体も大きいのは数千人、時に十二万の大集団をなすことがあるので、土匪討伐は軍隊の一つの大事な仕事であるが、それがなかなか面白い。軍隊が増えるとかえって土匪が増えるというのは、土匪は武器がなくては商売が出来ない。それを供給するのは軍隊であって、軍隊が土匪討伐をやっている間に商売をするのである。軍隊にしてみれば、土匪を討伐しても自分にはなんの利益もなく、下手にすれば大事な命を失わなければならぬ。それよりも土匪と妥協して金儲けした方が得であると考える。

これは支那人の利己的なあたまから考ふれば当然のことである。ある軍隊が土匪討伐に行って土匪が略奪している隣の村まで行くと、使いをやって適当なときに逃げさせる。土匪は一通り略奪が終わって引き上げた後に、軍隊が入ってきて、われわれの力で軍隊を討伐したのだからというので村人にご馳走をさせ、上役には我が軍奮闘苦戦の結果土匪を撃退したと報告して褒美を貰う。土匪からは略奪品の一部を献上させ、その代わりに軍隊は弾薬位を返礼にする」。

いまの中国と昔の支那とは同質である。従って混乱に乗じるチャンスがきた場合、地域覇権を唱えるマフィア、軍の裏切りなども起こりうるシナリオであろう。

第十章　台湾独立というシナリオ

台湾の国際法上の地位は未定

台湾は事実上独立している。

「台湾は中国の領土の一部」だといまだに獅子吼しているのは中国だが、国連はこれを認めたことはない。いや日本だって「台湾が中国の一部」とは一度も認めていない。一九七二年の日中共同声明では「北京がそう言っていること」に「留意し、尊重する」と言っているに過ぎないのである。

そもそも一九五二年のサンフランシスコ講和条約で日本はポツダム宣言第八項を踏襲して台湾を正式に放棄したが、かといって放棄した地域がどこに所属するかと言える立場でもなく、当時は「国連が将来決めるとよい」とする立場だった。

つまり台湾の国際的地位は未定なのである。

台湾駐在日本大使に相当する斉藤代表が二〇〇九年五月に台湾の嘉義でそういう講演をしたら、馬政権がクレームをつけるという「事件」が起きた。

台湾の現政権である馬英九総統は「いずれ統一」を主唱するものの「中華民国がいまの台湾を治める政権実体である」という立場だから日本の立場を許容できないのだ。

ところが日本の外務省は「斉藤個人の見解」ということで台湾側の抗議の矛を収め

た。

これは日本が北京の手前、逃げ腰になったに過ぎず、どうみても台湾の国際的地位が未定という日本の法解釈が正しい。ということは戦後、合法性のないまま戦勝国の軍の代替として台湾へ居座った蒋介石の不法占拠が続いているのであり、台湾の運命は台湾が決めるのが当然である。

そうは言うものの「独立」と言えば真っ先に声を上げるはずの台湾が近年すこしばかり元気がない。

国際政治から言えば、米国が中国に急接近してG2同盟などと言い出してから、パワー・ポリティクスの現場では台湾軽視の姿勢に転換、国際世界も米国の立場にならって中国の横着、横暴を黙って見ているだけになった（正確に言えばG2とか米中同盟を言いつのったのはブレジンスキー、キッシンジャーら親中派、たいしてクリントン国務長官は「G2は最初から存在しない」と明言している）。

馬英九総統は台湾自主開発中の巡航ミサイル「雄風2E型」プロジェクトを凍結すると言い出した。このミサイルは上海を射程内とする中距離巡航ミサイルだ。台湾はかつて自主開発の「経国号」（ジェット戦闘機）を推進していたが、途中で開発をうやむやにした。数機が実戦配備されたが役に立つ代物ではなく、李登輝政権になって米国からF16ジェット戦闘機、フランスから「ミラージュ」戦闘機を輸入する防空体制に切り替えた。

馬政権はミサイル開発凍結を、「中台関係改善を進めるための『善意』の表現」と比喩した（そこまでして北京に媚びる外省人政権というのはいったい何なのだろう？）。

野党・民進党は直ちに抗議声明を出し、「（中台間の）軍事バランスを台湾側から崩し、これでは北京との交渉カードを失うではないか」と馬英九の軍事方針変更を痛烈に批判した。

馬英九総統の馬脚が現れたのは、そればかりではなかった。

馬はメキシコのメディアと会見し、「台湾と中国は〝二つの中国〟関係ではない」とし、明確に李登輝路線を否定した（08年9月3日）。馬の計算は、これで北京を安心させたいのではなく徹頭徹尾ワシントン向けの発言である。

ハーバード大学卒で根っからの親米派でもある馬総統は、「両岸（中台）は一種の特別な関係で国と国の関係ではない。この点が大変重要だ」とメキシコ紙に語り、「一九九二年に（中台）双方は一つの中国の原則を受け入れた。ただし『一つの中国』の解釈は異なる」と付け加えた。

両岸関係基金会の江丙坤理事長は二〇〇八年八月に来日し読売新聞などと会見したおりに「馬英九政権の外交政策について『対中傾斜』と言われるのは心外。台湾としては日本との関係も強化したい」と述べ、こうした伏線があって馬英九は金門島を訪問した際に、「金門からアモイへ橋を架ける夢のプロジェクトを実現したい」と述べた。

台湾領である金門島の経済活性化のみならず、台湾本島と中国大陸との直接的なアクセスを前向きにみていることが判明した。どうやら台湾の現政権は台湾独立をまったく考慮の範囲には入れておらず、統一路線を暴走中である。

独立運動が台湾国内では後退

台湾正名《せいめい》運動は、日本における台湾人の外国人登録証明書の「国籍表記」が中国となっている事態から起きた。

二〇〇一年六月から日本で「外国人登録証」に「中国」と書かれると日本では「強盗」とか「不正入国」「不法労働者」など悪いイメージに差別されることもあり、「台湾」という正しい表記に戻して欲しい、という署名運動、街頭示威を提唱したのは「在日台湾同郷会」（林建良会長）だった。

正名運動は燎原の火のごとく日本と台湾で拡大し、二〇〇三年には李登輝前総統の呼びかけで一五万人の大集会が行われた。

台湾人パスポートには「ＴＡＩＷＡＮ」と併記されるようになり、中正国際空港の名称も台湾桃園国際空港に改称、続いて中華郵政は台湾郵政、中国造船が台湾国際造船、中国石油が台湾中油と改称された。

ところが二〇〇八年五月、馬英九総統の誕生直後から、殆どが昔の名前に戻った。まず台湾総統府のホームページが「中華民国（台湾）総統府」から「台湾」が消され、「中華民国総統府」に。中華郵政が復活し、陳水扁政権時代に廃止された「中華民国軍人読訓」が回復され、ついには「台湾民主紀念館」が「中正紀念堂」に戻された。

日本のマスコミはこの問題への理解が希薄であり、つねに間違える。

NHKは「中国高速鉄道」の報道映像で中国と台湾に同じオレンジ色の地図を用いた。

フジテレビ「FNNスーパーニュース」は名古屋名物の「台湾ラーメン」を報じたときに、台湾国旗として中国の五星紅旗を映し出した。初歩的な知識のないディレクターが日本のテレビ業界には山のように存在するようだ。

学研トイズの地球儀「スマートグローブ」はなんと中国政府の指図に従って台湾を「台湾島」にしたうえ、音声案内で「中華人民共和国」としていた。多くの抗議により販売中止に追い込まれ、また教科書でも同様な誤記が目立つことが発覚した。

岩波の『広辞苑』には「日本は中華人民共和国を唯一の正統政府と認め、台湾がこれに帰属することを承認」と曲解による誤記が発見された。

その後、ＮＨＫは台湾問題を特集した特番で「日台戦争」とか支離滅裂な番組をつくった。インタビューされた多くの台湾人も怒りだし、ついにはＮＨＫを数千名が抗議に取り巻く大デモが行われた。それも数回行われ、ＮＨＫの責任を追及し、ＮＨＫは木で鼻をくくった態度を示したため一万名余の集団訴訟に発展したのは周知の通りだ。

台湾独立は中華帝国が分裂するときに

台湾独立論は奇矯な言論ではない。

可能性はと言えば中国が大分裂をひき起こすときが最大のチャンスである。

中華思想という大風呂敷から「台湾が中国の領土」という発想が生まれたのだが、中国が台湾を「中国の一部」だと言い出したのはそうした詐術的法螺話。「大中華思想」の風呂敷なのである。

台湾は歴史上、いちども中国に統治されたことはない。独立国として認められる要素のほうが多い。

その台湾で肝腎の政府が独立論を引っ込めており、米国は独立を支援しない旨を明らかにした。不条理である。

台湾は一八九五年の下関条約で日本に割譲された。このときでさえ、清朝は「化外の地」の台湾のことなぞ、どうなろうと気にも留めていなかった。日本は台湾経営に努力し、本島ならびに離島にいたるまで拓殖し、教育を末端まで徹底し、いまも台湾の年輩者から感謝されている。

一九四九年に蒋介石が台湾へ逃げ込んだが、毛沢東が深追いを避けたのは「窮鼠却って猫を噛む」という箴言への懼れであったか、それとも当時の人民解放軍の軍事力がひ弱であったからか。おそらく両方だろう。

爾来、台湾と中国は金門と馬祖を挟んでにらみ合いを半世紀に亘って続けた。

一九七〇年代後半まで台湾の国民党は「大陸反抗」を獅子吼していた。北京側も国内権力闘争に多忙を極め、台湾で本省人の李登輝が総統になるまで「祖国統一」とか「台湾回収」などとナショナリスティックな鼓吹をする場面は極めて少なかった。それどころではなかったのだ。

一九八九年の天安門事件以後、諸矛盾をすり替えるために対外矛盾を鼓吹し、中国の台湾統一の呼号はヒステリックですらあるのも、国内で内部矛盾が過剰なくらい溢れ、国民の目を逸らすためだった。

あまりに中国がうるさいので、台湾はしばらく「独立」を言い出さないように努める。

事実上はチャンとした主権国家が、「台湾共和国」として独立しているという現実があり、独自の外交、貿易を行っている。だから改めて独立を言い募って北京を刺激することはあるまいと台湾は現世御利益大事と「独立」への態度を曖昧にしてきた。その賢さが裏目にでたのである。

クリントン「曖昧戦略」を台湾も踏襲

李登輝政権のあと、大陸政策を巡って陳水扁総統が自らの戦略を放棄し大陸政策をきわめて曖昧模糊としてしまった。

二〇〇〇年の陳水扁政権の誕生は、国民党に対しての怨念と鬱積した不満が噴火した結果、独立運動側からの総統誕生ではあった。

にもかかわらずその後の政局運営のまずさ、大陸投資へののめり込み、軍事情勢の小康状態などで台湾の本土派は方向感覚を失ってしまった。自由選挙によって世界から祝福され平和的に政権交代を実現した台湾は、つい先日まで欧米からも賞賛されてきた。ところが不況、大陸進出による空洞化が加わり「アジアの昇龍」はすっかり自信をなくした。

あの「大陸なにするものぞ」「共産党が侵略してきたら銃をとって戦う」と言って

いた台湾人たちの凄まじいエネルギーはどこへ消えたのか？

この精神とモラルの退廃に留意すべきである。経済繁栄に酔うと大局を見失いがちになるのは世界共通である。

あれほど共産主義を嫌ってきたのに台湾は経済の物理的法則には勝てず、ある時期から一斉に中国大陸へ進出して工場を建てた。このあたりから台湾人の世界認識の変貌は顕著になった。

民進党は台湾独立綱領をもちながらも李登輝「二国論」を退け、独立路線を不鮮明にして、中国投資拡大路線に転換した。

陳水扁総統は思いつきで突如「統合論」を発表し、「中国とは、文化経済の統合をはかり、最終的には政治統合に至る」と中国傾斜の姿勢をみせたため、旧来の支持者は強い失望を味わい、李登輝の台湾団結連盟の結成に期待を託した。

台湾本省人の分裂だった。

台湾の経済成長が鈍化したのは中国大陸への投資のやりすぎ、そのために自分の首を自分で絞める結果となって国内空洞化による。台湾の失業率は意外なことに日本並みか、それ以上に高い。ハローワークには人が溢れていても求人が少ない。優秀なエンジニアはほとんどが中国大陸へ行ってしまった。

李登輝の言う「戒急用忍」とは台湾企業が慌てて大陸へ進出するのを戒め、慎重にことにあたるべし、という意味が含まれる。だが陳水扁政権は「積極開放、有効管理」方針に切り替え、多くの大陸投資規制を緩和した。

そのうえ米国は台湾に冷淡になった。

親台派とみられたブッシュ前政権でも「米国は台湾の独立を支持しない」と繰り返し繰り返し明言した。二〇〇八年の総統選挙の直前にも米国は「住民投票などするな」などと激しく台湾の内政に介入し、親米的だった多くの台湾人を失望させた。

パウエル国務長官（当時）は、二〇〇四年二月十二日の米下院国際関係委員会公聴会で証言に立ち、「台湾が住民投票を行う必要性があると思わない」と発言した。これは前月に北京を訪問したアーミテージ国務副長官の発言と同じ趣旨である。パウエルはその後も台湾に冷たく、「台湾は主権国家ではない」と暴言を吐いた。

そこで陳総統は「台湾は中華民国、中華民国は台湾」などと訳の分からないことを言いだし、さすがの民進党支持者からも批判が起きた。

米国が重ねての不快感を示し、台湾民衆は「陳水扁総統は米国を怒らせた。外交的欠陥がある」と誤解してしまったことが大きい。

李登輝前総統が「現在の台湾の国会は親中、反民主、反制憲、反正名で、台湾の主流民意から乖離した」と選挙最中にオクターブをあげたため、同じ選挙区内で伯仲する民進党候補を助けようと、陳水扁総統は「台北」や「中華台北」名称の外国公館までも「台湾」に正名する方針を発表した。

陳政権を強力に支援して「汎緑連合」（与党連合）を形成してきた台湾団結連盟（台連）は猛反発を示した。とくに「中国と台湾は特殊な国と国の関係」と二国論を展開してきた李登輝前総統は「国民をないがしろにした」として陳水扁総統を厳しく批判し、陳水扁への失望がひろく広がっていった。

台連は憲法問題で民進党との政策協力拒否を打ち出したため、与党間の足並みが大きく乱れる。台湾独立運動の長老格で、総統府資政（最高顧問）の辜寛敏（エコノミスト、リチャード・クーの父親）が辞意を表明し、黄昭堂（台湾建国独立連盟主席）、金美齢の両氏が続いた。

陳総統は米国からの圧力を前に「新憲法」路線を大幅に後退させ、親民党との合意では、「在任中は中華民国憲法を順守し、国号変更や独立宣言をしない」とした。

台湾団結連盟の「憲法改正」は新憲法を意味し、虚妄でしかない「中華民国」を名実ともに葬り去ろうとする。このため正名運動を根気よく展開し、組織、団体、企業名から「中国」をはずして「台湾」と改名したところが多かったのである。

陳水扁総統が唱えた「改憲」は、中華民国憲法の修正であり、「中華民国は台湾、台湾は中華民国である」と曖昧な表現に終始して米国の圧力をかわしてきた経緯がある。

台湾新世代は何を考えている？

日台断交、蒋介石死去、ミサイル危機、民進党政権の誕生などの時は台湾から逃げ出す人々がいた。

ところが昨今は欧米へ財産をもって逃げ出す台湾人は皆無に近い。政治は不安定とはいえ、かつての軍事独裁による表面的安定という偽りの環境は払拭されている。

新世代の意見を聞いて回った。

台湾大学正門前で反国家分裂法反対を叫んで座り込んでいた学生達の掲げていた旗に「台湾民族主義」と大書されていた。筆者が学生達に聞くとそういう質問自体が意外をいう顔つきをした。

これを黄昭堂（台湾建国独立連盟主席）に問うたところ「台湾に住む人々が台湾民族を形成しており、国民党さえ民意の動向に敏感になっている」との説明があった。台湾民族主義は、したがって文化人類学的解釈ではなく、台湾人意識と捉えていいだろう。

蕭美琴女史はジュリア・ロバーツ似の美貌の才媛で台湾立法委員（国会議員）二期目のときに単独インタビューに出かけた。彼女は現在も民進党で外交ブレーン。党主席首席補佐官。日本生まれ、米国人の父親の赴任により米国籍を持っていたが、それを捨てて台湾へ帰国し、政治活動を始めた。

「台湾は移民社会。それは人種的意味も含めて欧米文化が流入し、日本文化がかつては輸入されていて、これらが中国的伝統文化に被さって多層な文化伝統をもつ社会を形成した」。

李登輝元総統が発言したなかに「新時代台湾人」という新タームがある。民主化とともに台湾の国際舞台への挑戦などを通じて、議会と政権のねじれ現象という「民主化の内戦時代」となった台湾。その諸矛盾を克服する「新時代台湾人」というアイデンティティの形成が急務という議論を意識しての同女史の発言である。

再び蕭美琴女史の発言。

「台湾の戦略的要衝としての価値は文化的経済的なものに加え、兵站マネージメントが必要です。つまり後方支援の下部構造を構築し、これら新社会的要素を台湾に整合させてゆく必要がある。大陸との交渉で、大陸側は面子を重んじ、台湾側は原理原則重視（状況は古い概念で固定している）。だから新しいプログラムが必要であり、それには新しい言語でのアジェンダ構築が必要と思います」（要するに両岸関係の次の交渉には過去の「江沢民八原則」、陳水扁の「四つのNO」のパラダイムを超える新しい概念が必要だと強調している）。

次に蔡英文（当時、国会議員。現在、民進党党首）に会った。

彼女は李登輝時代（99年7月）に「台湾と中国は特殊な国と国との関係」（所謂『二国論』）と発言し、世界的センセーションを呼ぶことになった李発言の起草者といわれる。陳水扁第一期政権で大陸委員会主任（閣僚級）を務めた。陳水扁の「一辺一国」論の起草者ともいわれ、事実上の大陸政策の中心にいた。政策立案の枢要な箇所にあって活躍した学者出身の才媛である。

筆者は「反国家分裂法は最初予想された内容より表現内容に過激さがないことが目立つように思えるが……」と水を向けた。

「そうですね。あのドラフトは予想より柔らか。でも事前発表から三カ月、北京は外国の反応を見ていた。諸外国の反応ぶりを計測しながら共産党の内部権力の基盤固めをしてきたのよ」。

蔡英文が続けた。

「過去十年の台湾の民主化により台湾の将来は台湾人が決めるという選択肢を（反国家分裂法が）むしろ拡大した。確かに中国も（経済的には）強大になったが、台湾人のアイデンティティがそれよりも急速に強固になった」。

――あなたは大陸との交渉の当事者であり大陸政策立案の中心にいた。これから両岸関係はどうなると思いますか？

「それほど悲観的でもありませんし、我々は水面下で交渉を続けているのですよ。もちろん表舞台のＡＰＥＣの場もあれば、米国経由での接触もあります。反分裂法をこの時期に成立させたという（日米を敵に回しての）胡錦濤の動機は、権力闘争の過程で派閥バランス上、必要だったことが大きい。とくに引退した江沢民の上海閥と胡の出身母体である共青団とのバランスです」。

この蔡英文は現地「民進党」の党首にして、有名な次期台湾総統候補である。

筆者は〝台湾独立運動の兄〟ともいわれる辜寛敏の言葉を思い出した。

「中国との戦争は考えられない。もし起これば歓迎ですよ。ＡＳＥＡＮに近寄った中国はそれまでのゲリラ支援を捨てた。この政策転換によりアジアとの交流は拡大した。そのアジア諸国が再び不信と不安を募らせる反国家分裂法を全人代が可決したことは中国の危機意識の表れなのです」と辜が静かな口調で大胆な論理を展開したのだ。

だが多くの台湾独立志向の人々は辜の「戦争がない」という予測には反対している。

「反国家分裂法は日本への警告でもあり、もし台湾が共産化すれば中国の基地化、中国の不沈空母に台湾がなる。これは地政学的に言っても日米の戦略に立ちはだかる最大の脅威でしょう」（黄昭堂）というように、日本への軍事的な期待も敏感に出てきている。

さるにても、台湾の独立をめぐる現状は錯乱しており、志気、意気込みが希薄化している様はかくのごとし。台湾独立のチャンスは、中国大陸が内乱などの危機に陥ったときであろう。

エピローグ　対外強硬姿勢は張り子の虎、内面は矛盾だらけで分裂含み

民衆もイスラム世界も敵に回した中国

中国の分裂状況はあらゆる方面で、多くの地域で、予想外の空間で、予想以上に深刻に進んでいる。

本書で「南モンゴル」（現在の中国内モンゴル自治区）の分裂と独立に関して詳述を避けたのは、独立運動家自身の次のビジョンがまだ不明だからである。すなわち「内モンゴル自治区」と現在のロシア共和国内の「モンゴル族自治区」とウランバートルを首都とする独立国家「モンゴル共和国」との三つが中ソ対立以前のように合併するのが将来の理想であるとすれば、本書が課題とした中国の国内分裂ではなく、地政学的空間が国外へ拡がる要素も含んでいるからである。

一方、天安門事件前夜、さかんに知識人が唱えた「中華連邦」説は昨今下火になってしまった。

かくなる状況に加えて新疆ウイグル自治区に限らず、チベットで内モンゴルで旧満洲で社会不安はむしろ全土で拡大している。

最近の例をあげると吉林省通化で起きた暴動事件がある。

大東亜戦争末期、日本軍は旧満洲の軍事作戦を立て直すため参謀本部を通化まで南下させ、反撃の基地を構築していた。通化にはちゃんとした飛行場もあった。この通化から南下すると集安、その先は北朝鮮。ロシアが満洲を侵略し、日本が降伏したあと、通化に日本人数万人が集められた。引き上げを待っていたが、不衛生のため疫病が蔓延し、そのうえ食糧不足による飢えで相当数が死んだ。収容所の扱いは最悪で日本人の不満が募っていた。そこで、あるでっち上げ事件（藤田実彦大佐が反乱を首謀したという捏造情報）で、三〇〇〇人の日本人が殺された。河は血に染まった（いわゆる「通化事件」。地図入りの詳細は拙著『中国よ、反日ありがとう』、清流出版、45→50pを参照）。

現在の通化市は人口五〇万人、町中にはデパートもあり各地と鉄道も繋がっていて、繁栄しているかに見える。通化事件の跡地は殆どなにも残っていない。

通化市には大きな製鉄所がある。その名を通化製鉄。従業員三万前後、高炉が七基。合理化政策は、自動車業界の再編、製鉄業界の再編という中央政府の効率化が進められ同製鉄は北京資本の「建龍製鉄」に買収された。

二〇〇八年に建龍集団が株式の取得などの手段で買収後、当然のように通化製鉄のほうの「合理化」が実施され、数千の労働者がまず首切りにあった。退職金が三〇〇〇円しかなかった。

激昂した通化製鉄の従業員が抗議集会、抗議行動を始め、二〇〇九年七月二十四日には数万人の参加者に膨れ、警官隊と衝突、暴動に発展し、買収した側の「建龍製鉄集団」社長の陳国順（音訳）が殴り殺された。しかし犯人らは微罪と問われただけで幕が引かれたのだ。

地元資本と中央資本、国際化と地場産業の対立は根深く、また北京の効率一本の遣り方に地方政府は現地の雇用、経済政策との兼ね合いから調整がうまくいかない。まして吉林省南部はと言えば、民族的に朝鮮族が多く、従来は農業に従事してきた土地柄で漢族への反感が堆積されている。

海外でも同じ。果てしなき中国の資源争奪戦争への挑戦は途方もないほどの規模である。あまつさえ進出した国々では歓迎されず、反中国暴動が起きたり中国人エンジニアが誘拐、殺害されたり、また工事は中国人が大量にやってきて機材も建材も建機もぜんぶ中国から運び、現地人の雇用はなく、チャイナタウンをつくり、中国語の新聞も発行し、やがてプロジェクトが終わると、彼らは現地に住み着き、つまるところ地元民は棄民ではないのか、と現地では不安が拡がる。

そして不安は的中した。

イスラム地下組織が中国への報復のための聖戦を宣言したのだ。中国のウイグル人への差別は犯罪行為、アッラーが必ず救いに来られる、と。

トルキスタン・イスラム党戦闘隊指揮官（サイフ・アッラー）は「共産主義者によるムスリム虐殺」に抗議し、次の声明をだした。

「中国の共産主義者達は、東トルキスタンを占領し、以来昼夜を問わず公然非公然に東トルキスタンの住民を集団的に虐殺してきた。彼等の野蛮、残忍な犯罪行為は日に日に大きくなった。就職させるなどとさまざまな口実を設けて青年男女を強制的に中国へ送り出す。これも犯罪行為のひとつである。中国へ移送すると（中国人は）彼等を奴隷として使い、ロバのように扱うのである。

二〇〇九年七月五日に起きた「ウルムチ暴動」でウイグル人犠牲者は死傷者が三〇〇〇名を超え、ほかに二〇〇〇名以上が投獄された。子供達を殺された東トルキスタンの住民（新疆のウイグル人）は中国政府に殺人者らを裁判にかけるように求めた。しかし中国政府は一顧だにせず、住民の願いをまともに扱わなかった。

住民は政府に報復するためやむなく立ち上がったのである。彼等は中国人に報復しようとした。彼等と中国人の間に激しい戦いが生起した。中国の警察は加害者の側に立ち、しいたげられ迫害されている人々を虐殺した。

我々は無神論＝中国人共産主義者に向かって宣言する。ムスリム・トルキスタン人に守護者もいなければ友人もいないなどとほざくではない。アッラーが彼等の守護者であり友人である。アッラーは生きておられる。

彼等が助けを求めれば必ず認めて下さる。アッラーは御意志により中国人迫害者共を一瞬のうちに抹殺することもおできになる。このムスリム住民の背後には彼等のため中国人に報復する人々が待機していることを知れ。アッラーの軍勢がすぐに汝等に襲いかかることを覚えておくがよい（後略）。戦闘指揮官サイフ・アッラー」（２００９年７月８日）」

じつに　過激な政治声明である。

直後の二〇〇九年八月九日にはアフガニスタンからウルムチへ向かう航空機のハイジャック未遂事件が起きた。豪州でカーディル女史訪問を歓迎する映画祭が開催されると、中国は外交的報復を仄めかした。世界のイスラム国家ばかりか、アフリカを「植民地」化しようとする中国に対して西側世界は警戒心を高めた。

ソ連は軍事負担の重みに耐えかね、ゴルバチョフが登場して帝国の解体が進んだ。中国は海外膨張という放心力がいずれ中華の団結を崩壊させ、予想できない方法と空間とで中国の分裂を招来させる可能性が高い。そのおりに中国版ゴルバチョフの役割を誰が担うことになるだろうか。

さて本書の筆を擱くにあたって中国の近未来をいま一度考えてみると、これまでの固定概念的な地方軍閥、地域対立、王朝の腐敗、衰退という文脈から分裂に至るというシナリオは遠のき、むしろ現代中国に拡がった新しい空間、すなわちネットにおける反政府言論というゲリラ戦争、イスラムの思想的連帯という見えない武装戦争、利権争いの集大成としての個別経済ブロック化、他方ではグローバル化の波に乗った資産の海外逃亡などが次の舞台の開幕を告げるであろう。

文庫版あとがきに代えて

ネット革命、中東の政変と中国

本書を二年前に書き下ろし、そして二年後には原本で予測したようなネット革命による激動が起きた。チュニジアとエジプトとで政権が転覆したのだ。若者達のツイッターとフェイスブックの革命と言われた。

二〇一一年二月十二日、中国外務省の馬朝旭報道局長はエジプト政変（ムバラク退陣）の報に接し、「国家の安定と正常な秩序の早期回復につながることを望む」という談話を発表し、新華社は「国際社会は平和的な政権移行を求めている」とした。混乱の影響を懸念する中国政府の心理的な衝撃を隠した。

中国のインターネット上には「次の民主化は中国だ」、「エジプト軍は発砲しなかった（天安門事件で学生に発砲した中国軍とは違う）。まさに人民の軍隊だ」などの批判、揶揄が集中した。

ツイッターやフェイスブックでも検閲が厳しくて削除されるため中国の若者らは発

音が同じでも漢字が異なるエジプト、ムバラク、チュニジアなどを当て、痛烈な批判を続けた。それでも当局が禁止した語彙を用いると一時間以内には消去される。

ビロード革命（チェコ）もバラ革命（グルジア）もオレンジ革命（ウクライナ）も起こったのはキリスト教圏だった。例外はキルギスのチューリップ革命だったが、このイスラムの小国ではたちまち大統領一族の腐敗と汚職が始まり、「民主化」という夢は潰え、すぐに元のような独裁政治が生まれた。

イラクは米軍の介入で民主化したはずだった。ところがいまのバグダッド政権はイランの影響をうけたシーア派が主流である。

エリツィン時代のロシアの民主主義は行方不明となり、当時副首相だったネムツォフがこう言った。「ムバラクの独裁とプーチンの政治は同一だ」（ヘラルドトリビューン、同年2月4日付け）。

しかし「独裁政権のほうが決定が早い。騒がしいだけで時間のかかる民主国家よりビジネスはやりやすい」と欧米と日本の企業家は北京へ北京へと擦り寄った。天安門事件のほとぼりが冷めると日本の財界人をさしおいて欧米首脳は財界人を大挙同道し、北京へ詣でた。そのお陰で経済成長が持続し、中国共産党は延命できた。

一九八九年の天安門事件を封印し、二〇一〇年の劉暁波へのノーベル平和賞にあれだけの悪態をついた中国政府は「民主化」の伝播はとんでもないことと認識している。

ただちに中国共産党は報道管制を敷き、インターネット、ツイッター、フェイスブックに飛びかう「エジプト」「ムバラク」「リビア」「ジャスミン」などをチェックし、検索エンジンにはエジプト関連の語彙を打ち込んでも画面になにも出ないようにした。

中国内でチュニジア、エジプトの民主過激報道は殆どない。エジプトで起きた政変の本質を民衆レベルは知らないが、それでも安心できない中国共産党は唐突に温家宝首相を北京の直訴村へ派遣して庶民の不満を聞くというジェスチャーを示し、その場面をテレビで大きく放映させた。革命以来、首相が直訴村へ出かけるというのは初めて。民衆の暴発の危険性を探っているのだ。

共産党中央宣伝部は各メディアに対して「新華社以外の報道を転載するな」と通達し、唯一エジプト問題を報じた「グローバル・タイムズ」（新華社系の英文新聞）は社説に「カラー革命は民主化をもたらさない」（2011年1月30日）と書いた。「エジプトでいま選挙が行われたらイスラム原理主義指導者が当選し、欧米スタイルの民主主義を破損し、さらには米国への石油供給をとめるだろう」というのが中国の共産党御用達メディアと体制側知識人らのコメントである。「民主化」はイスラム原理主義過激派が仮装するスローガンに過ぎず、イランのような宗教独裁が現れることを怖れるという文脈で中国の思惑と欧米諸国並びにイスラエルとの利害が一致する。

アルジェリアのアルカイダが「ウイグル同胞を弾圧する中国に鉄槌を！」とするテ

ロ宣言をだしたように「中国共産党は無神論、アッラーの神を冒瀆する」からであり、彼らの敵は中国でもある。そういえば外交機密を暴露したウィキリークスの主宰者ジュリアン・アサンジも「本物の敵は中国だ」と言った（拙著『ウィキリークスでここまで分かった世界の裏情勢』、並木書房刊を参照）。

チュニジアのベンアリ独裁政治は終わりを告げ、西側はこれを「ジャスミン革命」と名付けた。アラブ世界の民衆は、「チュニジアの『インティファーダ』（民衆蜂起）はアラブ世界に拡大する」と歓迎した。

カイロとチュニスとリビアには「権力の空白」という奇妙な空間が生まれた。政治空白は陰謀を生みやすく、次にやってくるのは、希望か、それとも恐怖か。

「希望」のシナリオは、「チュニジア政変は北アフリカ（マグレブ）とアラブ世界への民主化ドミノの起点となる」というものである。

抗議デモは留学帰りの学生が中心となってツイッターとフェイスブックで呼びかけた。北アフリカのなかでもチュニジアは中産階級が比較的多く、教育水準も高いため、民主政治への移行も円滑に行われるだろうというのが希望シナリオの基礎にある。

「恐怖」のシナリオは、これまで行政を兼ねた独裁レジームが崩壊すれば、「マグレブのアルカイダ」などテロの跳梁跋扈を生みやすい。かれらは資金が潤沢で、騒擾の不安定状況につけこむのは容易である。独裁は去っても宗教独裁という恐怖政治が待つだけという負の方向に収斂したものだ。

イエーメンでもサレハ大統領は再選には出馬しないと声明、アルジェリアは二十年にわたる非常事態宣言を解除、こうしてチュニジアからエジプト、リビアへとドミノが転がり、バーレーン、UAE、サウジアラビアなど周辺諸国はてんやわんやの大騒ぎとなる。

だが、冷静に事態の推移を分析すれば、これらは民衆の勝利ではない。巧妙にムバラクを退去させた後、政権を掌握したエジプト軍の最高評議会は議会を解散し、憲法を停止すると発表した。しかもムバラク大統領が最後に指名していった暫定のシャフィク内閣を当面活かし、秋までに改憲の是非をめぐる国民投票を実施し、大統領選挙を実施する。「締結した外国との条約はすべて遵守する」と継続性を強調したことは諸外国へ安堵感を与えたが、これは事実上の軍事クーデターではないか。

こういう状況を日本政府は楽天的に見ただけだが、中国はまったく異なる危機意識を抱いた。「明日は我が身」か、と。

それならばいかにして民主化ドミノをはねのけ、中国共産党の独裁を延命できるか、そのためにはまたまた「反日デモ」を利用して問題のすり替えを図れるか、どうか。あるいは軍幹部と通じて共産党の権力争いが起こり、現在の執行部をすげ替えるというエジプト型の軍事クーデターに傾く可能性も高くなったと言える。

すでに胡錦濤政権がレイムダック入りし、次期習近平政権は軍隊優先という「軍高党低」型の現状では、むしろ反主流の野心家が民主化デモを煽り、これを梃子に活用して北京に乗り込み、政権を簒奪するという政変、まさに明の太祖朱元璋が白蓮教徒の乱という騒擾を活用して近衛兵を動かして政権を強奪したように、中国四千年の歴史は黄巾党の乱で劉備が、紅巾党の乱で某某が新しい王朝を開いたパターンが繰り返されるというシナリオがますます濃厚となったのではないか。

中国の歴史は半分が分裂状態、統一王朝の間に春秋戦国、三国、五胡十六国、南北朝、清朝末期の国民党、共産党、南京政府の鼎立があったように。

本書は、二〇〇九年九月、阪急コミュニケーションズから発行された単行本『中国分裂　七つの理由』を改題し、大幅に加筆・修正したものです。

文芸社文庫

自壊する中国

ネット革命の連鎖

二〇一一年六月十五日　初版第一刷発行

著　者　宮崎正弘
発行者　瓜谷綱延
発行所　株式会社　文芸社
〒一六〇－〇〇二二
東京都新宿区新宿一－一〇－一
電話　〇三－五三六九－三〇六〇（編集）
〇三－五三六九－二二九九（販売）

印刷所　図書印刷株式会社
装幀者　三村淳

ISBN978-4-286-10936-7